吉利くんありがとう

ヒトがヒトになった頃

「ただいま！」と叫ぶやいなや
ランドセルを玄関から家の中へ投げ込んで、
遊びに飛び出していく。
もう、じつにいろんな遊びをしていたものだ。
毎日が、本当に楽しかったなあ、あの頃は。

宮崎駿の不朽の名作「となりのトトロ」には、
昭和二〇年代終わり頃の田舎の小学校が出てきます。
木造平屋建ての校舎に、たくさんの子どもたち。
優しく叱る先生に、元気いっぱい、にぎやかな教室。
あれが本当の小学校というもの。

学校も家もオンボロだったけど、
今よりずっと良かったな。
今の子どもたちは、とてもかわいそう。
金と見栄にとらわれた大人たちの群れ。
こんなくだらない、ろくでもない時代にしてしまって、
本当にごめんな。

テレビも、もちろんパソコンもゲームもなかった、あの頃。
その頃私たちはヒトという生き物だった。
ひとつの奇跡の生命体だった。
何ものにもとらわれない心の持ち主だった。
でも、あの頃と切り離されたわけじゃないんだよ。
あの頃の自分は、私の中で、ちゃあんと生きている。

吉利小学校卒業生作文・代表（みんなの思い）

「吉利君ありがとう」

入江（二石）富士子　七九歳

吉利小学校の統合廃校の話には、びっくりしましたし、懐かしさで一杯になりました。「吉利」は、今も私の元気の源でございます。裕福とはおよそ縁のない生活をしていた所ですから。

昭和二一年三月、台湾引き揚げで母の郷里（吉利南区）で父はわずかな田畑で生活を始め、私は吉利小学校四年に編入し、砂利道を素足で通いました。雨に降られても傘はなく、少々濡れても平気でした。

小学校正門の前に小川があり、南区方面に帰る数人の友達とその橋の上から（高さ三米位？）洋服の裾をまくり、何度も跳び下りるものでした。「泣こかい　跳ぼかい　泣こよかひっ跳べ」。この呪文を真剣に唱えていたのが、可笑しくてなりません。

楽しい思い出のひとつに一二月の針供養がありますね。日頃使っている縫い針に感謝する意ですが、その頃は単なる名目でした。女の子ばかりの集まりで、皆で作った夕食を共にし一泊するのです。仲間に入れてもらい○○さん宅での「お泊まり」は、大きな喜びで

あり小さな冒険になりました。（当家の親御さんには迷惑なことだったでしょうに）

青桐の葉が茂る五月は田植えがありました。おやつはこの葉に包んだ唐芋団子です。私はこの蒸し上がった葉の香りが好きで、今でも手作りし父の仏壇に供えます。

不思議な方言「ヨノイモテ」（夕方の意）になると、私共を支えてくれた小園集落の方々を思い出し、お蔭で今の私があるのだと感謝せずにはいられません。

例え小学校は失くなっても、こうした数々の体験や思い出は、大切な宝物として私の心に今も深く刻まれています。

「吉利君　ありがとう」

吉利くんて、何だろう――

吉利くんは学校
吉利くんは友達
吉利くんは時代
吉利くんは自然
吉利くんは海
吉利くんは空
吉利くんは風

吉利くんは私
吉利くんはあなた
吉利くんは笑顔
吉利くんは涙
吉利くんはあたたかい
吉利くんはさわやか
吉利くんはなつかしい……

このヒーローも、吉利くん。

彼の名は、
《ガッコー仮面・吉利くん☆》

吉利くんは学校、吉利くんは友達……

吉利くんありがとう　目次

巻頭詩――ヒトがヒトになった頃
吉利小学校卒業生作文・代表（みんなの思い）――「吉利君ありがとう」
入江富士子　七九歳

序章――歴史と伝統の吉利小　*19*

一、あの場所で流れた、はるかな時を遡る……　*21*
◉吉利小学校前史　◎小松家お仮屋跡　◎小松帯刀◎小松家、島津氏小史　◉吉利小学校草創期　◎明治初期の鹿児島の学制改革　◎吉利小学校誕生～郷校から変則小学校、正則小学校へ　◆吉利小学校沿革　◉歴史の終わり～たとえ廃校になろうとも

二、直き心の大先輩　～その一　*33*
◉アメリカの大政治家を吉利へ導いた人、山下弥七郎。
～校庭の『日米樹』が語る、素敵な男の物語～

◎明治三八年（一九〇五年）一一月一日　◎吉利は「ヤマ」の故郷だから……　◎明治四年に生まれて……　◎ブライアンの演説で、アメリカに導かれた山下さん　◎いざ、ブライアン邸へ　◎アメリカでよく働き、よく学び。それも人並み外れて……　◎山下さん、帰国。そして、山下さん一生の仕事　◎『日米樹』に込められた意味を、もう一度……

三、直き心の大先輩　～その二　*49*

◉戦後の吉利の人々が、最も慕い、恩を感じた人、入鹿山嵩。～劇的な急逝。その後、さまざまに綴られた追慕の言葉～
◎突然、この世から消えた人　◎「故入鹿山嵩氏顕彰記念誌」　◎医者にならずに、医学雑誌の編集者　◎山下さんの世話でアメリカへ　◎五〇歳の大事故。そして、戦争が始まる　◎五〇代半ばの帰郷。それからの精いっぱいの八年間　◎息子さんの「最後の対面」　◎隻脚の人

第一章――卒業生作文集　その一　九二歳～七八歳　67
山ノ内次雄 九二歳／冨ヶ原義徳 九〇歳／前田絹子 八五歳／武石道男 八四歳／下内久史 八二歳／堀哲 八二歳／執印史恵 八一歳／鮫島尚武 八一歳／中江博子 八〇歳／一氏敬子 八〇歳／下内學 七九歳／田中健一郎 七八歳／鷲尾陸治 七八歳／柳田洋子 七八歳／上熊須英雄 七八歳

第二章――卒業生作文集　その二　七八歳～七一歳　107
涌井ノリコ 七八歳／川窪慶郎 七八歳／久木野フミ 七八歳／城戸恵 七八歳／満冨啓城 七八歳／増田昇 七八歳／岩井田フサ子 七八歳／白鶴麗子 七七歳／松澤廣海 七七歳／山里繁 七六歳／満冨郁郎 七六歳／鳩野克子 七三歳／荒木多賀子 七二歳／池本弘乃 七二歳／立宅辰男 七一歳／大野マリ子 七一歳

第三章――卒業生作文集　その三　七〇歳～三五歳　145

辻隆郎　七〇歳／鳩野哲盛　六八歳／山下啓子　六六歳／北長一六六歳／辻義教　六六歳／下内幸一　六六歳／津守良一　六五歳／四元民子　六五歳／柿迫和子　六四歳／満尾哲行　六一歳／冨ヶ原義幸五六歳／前屋敷さよ子　五五歳／中江央子　四三歳／下野裕輝　三五歳／前村由香　三五歳

補章――在校生作文集　三六名　179

あとがき――満冨啓城　209

◆付録――昭和一一年および昭和一七年発行の
吉利小学校文集『二葉』を収録
（「三九号」および「四六号」）

序章

歴史と伝統の吉利小

YOSHITOSHI SHO?

一、あの場所で流れた、はるかな時を遡る……

◉吉利小学校前史

小松家お仮屋跡

吉利小学校には、一世紀半にも近い歴史があります。その長い長い時の流れの中で、数限りない子供たちが学び、遊び、育っていったあの場所。そこはかつて、吉利領主小松家のお仮屋と呼ばれた、吉利の中心地でした。

江戸時代初期のこと。一七世紀の半ばごろに、薩摩藩各地の領主たちは、それぞれの領地を離れて、鹿児島城下に屋敷を構えて住むようになります。そして、それまでの領主たちの館は、めったに帰ることのない（生涯に数度といわれるほどの）仮の屋敷となり、お仮屋と呼ばれるようになったのです。

地元の領地では、お仮屋を中心として、武士たちが住む、麓《ふもと》と呼ばれる集落が形成され、麓の有力な武士の家から、交替で、奉行、組頭、横目といった役人を出して、領地の行政を取り仕切っていました。小松家のお仮屋には、馬乗馬場や弓場などもあり、麓の武士たちが武芸を鍛錬したりもしています。麓の人々が集う、吉利の中心地だったのです。

薩摩では、一六世紀の後わりごろから、外城制度と呼ばれる特殊な体制が敷かれていました。他藩と比べて武士の比率が非常に高く、全国の平均が五～六％だったのに比べて、およそ人口の四分の一が武士だった薩摩藩。当然、その禄高を賄えるはずもなく、多くは地方に分散して居住し、農業も行い、半農半士だったのです。薩摩藩全体を、一一〇あまり（一七四四年以降一一三で変わらず）の外城（一七八四年に郷と改称）という地域に分け、島津氏の直轄地では地頭が、私領地では領主がその地域を掌握し、外城の武士たち（外城衆中。のちに郷士。私領地では家中士と呼ばれた）が、事あれば、すぐに藩の防衛にあたることになっていました。その外城のひとつが小松家を領主とする吉利であり、私領地は藩内で二一か所だけでした。

それぞれの外城で、武家集落、麓が形成されたわけで、今でも鹿児島では、地方のあちこちに武家屋敷などが残っており、これはあまり他県では見られないことです。

小松帯刀

今、吉利小学校の校門の横に、小松帯刀像が建っています。若き薩摩藩家老、幕末の英傑、小松帯刀は、維新の立役者の一人でありながら、明治政府発足後間もなく、明治二年（一八六九年）に病のため官職を辞し、翌年、三六歳で亡くなっており、そのためか、長くその名があまり知られていなかった人物。

しかし、大河ドラマ『篤姫』によって、その状況はがらりと変わりました。その人柄や、果たした役割、成し遂げたことが、広く全国に知られるようになったのです。弱冠二八歳で、薩摩藩家老となった小松帯刀。西郷や大久保、坂本龍馬などは言うに及ばず、じつに幅広い交友関係を持ち、薩長同盟や大政奉還など、維新のさまざまな場面で重要な役割を果たし、藩政においては驚くほど多くの分野の責任者としてその発展に功績を残した、まさに偉人、それが小松帯刀だったのです。

小松帯刀が、吉利領主として初めて小松家お仮屋に入ったのは、一八五六年の二月のことでした。お仮屋で、小松千賀との挙式（初入部之式《はつにゅうぶのしき》）が執り行われ、その後、およそ一カ月間、お仮屋に滞在します。この年には、六月と八月にも、地元の祭礼や行事のため、吉利を訪れています。

喜入・肝付家の三男、肝付尚五郎《なおごろう》を小松家の養子に勧めたのは、島津斉彬でした。小松家第二八代、小松清猷《きよもと》は斉彬に期待された優れた人物でしたが、斉彬の命で、沖縄に派遣された際に急死します。斉彬はその責任を感じて、小松家の跡取りに当時二一歳ながら将来有望な尚五郎を推薦したのでした。そして翌年、肝付尚五郎は、小松家第二九代、小松帯刀清廉《きよかど》となったのです。

小松家、島津氏小史

薩摩の殿様としてその名を天下に轟かせた島津氏は、その出自をたどれば、一二世紀の終わりごろ、鎌倉幕府から薩摩、大隅、日向にまたがる荘園（島津荘）の惣地頭に任ぜられた御家人、惟宗忠久《これむねのただひさ》に行き着きます。のちに惟宗氏は荘園の名であった島津に改称します。三代目久経《ひさつね》から、実際に薩摩に下向し、鎌倉、南北朝、室町時代を通じて、南九州の地で、島津氏は同族同士も含めて、じつにさまざまな権力争いを繰り広げます。そして戦国時代に、薩摩、大隅、日向の三州統一を成し遂げた島津氏は、九州制覇を夢見て北上。肥後国全体を手中に収め、さらに豊後の大友氏をも攻め落とす勢いでした。しかしその時、豊臣秀吉の軍勢が九州西部を南下してきます。さらに九州東部では秀吉の弟、秀長が、豊後まで上ってきた島津軍を討つべく攻め入ってきました。島津軍はまず秀長軍に敗れ、さらに秀吉軍に押されて、結局薩摩まで敗走。川内に陣を構えた秀吉のもとへ、島津義久が剃髪して出向き、降伏します。しかし、薩摩、大隅、そして日向の一部は、島津氏の領国として秀吉に認められます。

一方、小松家は平家の流れをくむ、由緒ある家柄であり、平清盛、そして小松内大臣と称した平重盛がその祖となっています。しかし小松家は当初、禰寝《ねじめ》氏を名乗っていました。平重盛のひ孫にあたる平清重が、一二〇二年、現在の南大隅の根占あたり、当時は禰寝院と呼ばれた地方の地頭として流され、姓を禰寝と改め（この清重が小松家初代）、以来、四世紀近くにわたって、禰寝氏がこの地方を支配します。

そして禰寝氏は、島津氏が秀吉の軍門に下り、石田三成が薩摩にやってきて太閤検地を行ったのち、一五九五年、秀吉によって吉利に移封されます。吉利の地にやってきた新領主、禰寝氏によって建てられた領主の館が、すなわち小松家お仮屋というわけです。一七三七年、禰寝氏は、平家の家柄であることを示すため、二四代清香が小松に改称しました。この小松の名は、京都ではその由緒が知られた姓だったため、のちに小松帯刀が京都で活躍する際に役立ったと言われています。

◉吉利小学校草創期

明治初期の鹿児島の学制改革

薩摩藩では江戸時代の半ば過ぎ、一八世紀の後半以降に、各地で郷校が設立されるようになります。郷校とは、外城の士族たちが共同で設立した私立学校のこと。鹿児島城下の藩校、造士館は一七七三年に出来ています。しかし吉利に郷校はなく、禰寝家とともに吉利にやってきた家臣の家柄の寺前家が、一七七二年に、寺前塾という私塾を開いたとされています。また、小松家お仮屋では文武講習所が設置され、士族の子弟たちが漢籍の素読や武芸の鍛錬を行っていました。

そして時代は移り一九世紀後半、幕末から明治維新を経て、一八七一年（明治四年）一月、廃藩置県の半年前に、薩摩藩では学制の根本的な改革が行われます。造士館を廃止し、本学校を設立して（造士館の名は明治一七年に県立中学校造士館として復活し、さらに引き継がれ、明治三四年には第七高等学校造士館ができています）、その下に小学校をつくり、本学校―小学校の制度ができあがりました。本学校は、和学、漢学、洋学の三学兼修の中等程度の藩校であり、また教育行政の中心機関でもありました。小学校は同年中に鹿児島城下に五校つくられています。

この学制改革は、静岡藩から招聘した蓮池新十郎が中心となって進められました。蓮池は、沼津兵学校付属小学校頭取という役職だった人物。静岡ではこういう他藩に派遣する人材を、お貸人《かしびと》と呼んでいました。この時、薩摩藩には十数名のお貸人がやってきています。沼津兵学校および付属小学校は、幕府が静岡に設けた近代的学問の府でした。いわば倒した幕府の知恵を、薩摩藩が借りたことになります。

吉利小学校誕生　～郷校から変則小学校、正則小学校へ

小学校は、初めから本学校直轄の藩立学校として設立されましたが、各地の郷校も順次、届け出によって藩立に改められ、本学校―小学校・郷校という学制になってゆきます。郷校は、その出願の順によって、鹿児島城下の郷校と外城の郷校に分けて番号が振られ、新たに設立された吉利郷校は外城の三九番目でした。外城第三九吉利郷校は、一八七二年（明治五年）、まず南谷の役場所在地で開校します。そして、二年後に小松家お仮屋跡に移転し、これが吉利小学校の始まりというわけです。

一八七二年（明治五年）八月には、明治政府によって学制が頒布され、全国に正則小学校の開設が要求

されます。しかしまず、教師の再教育、資格取得が必要であり、鹿児島県ではすぐに正則小学校への移行は難しく、従来の小学校、郷校を、変則小学校として認定しました。そして県は、明治八年に小学正則講習所・同女子講習所（翌年、鹿児島師範学校・同女子師範学校と改称）を開設して教師の再教育、養成を行い、翌明治九年中には県下一円に正則小学校が普及していきます。

吉利小学校、すなわち外城第三九郷校も、明治七年三月に変則小学校制をとり、明治九年四月に正則小学校吉利小学となります。ここに正式に、吉利小学校が誕生したわけです。

ところが翌年、西南戦争が勃発します。初代村山盛則校長以下、教師は全員従軍してしまい、生徒も年長者は従軍しました。明治一〇年一月、学校は一時閉校となります。この戦いで、村山校長ほか一名が戦死しました。

西南戦争は、明治一〇年二月に開戦し、九月に終結しています。しかし吉利小学校の授業が再開されたのは、翌明治一一年七月のことでした。多くの人の再興への努力があって、ようやく一年半ぶりに、再び学び舎に生徒たちが戻ってきたのです。そして、ここからまた、新たに吉利小学校の歴史がつくられてゆくのです。

◆吉利小学校沿革

明治五年三月　外城第三九郷校として吉利村役場所在地に開校
明治七年三月　小松家お仮屋跡に移転し、変則小学校として認定（吉利小学校開校）
明治九年四月　吉利小学校と改称（正則小学校）
明治一〇年一月　西南戦争のため閉校
明治一一年七月　学校再開
明治一五年　二階校舎建築
明治一九年　小学校令の公布により、吉利高等尋常小学校と改称
明治二一年三月　火災のため校舎全焼
明治二二年四月　二階建て校舎新築竣工
明治二六年四月　吉利尋常小学校と改称（四年制）
　高等小学校併置（四年制）
明治三四年五月　吉利尋常高等小学校と改称
明治三八年　米国よりブライアン卿来校。クスを植樹

昭和一六年四月　　吉利国民学校と改称
昭和二〇年八月　　戦災のため校舎全焼
昭和二一年一一月　運動場に仮校舎落成
昭和二二年四月　　吉利小学校と改称
昭和四九年二月　　百周年記念式典、祝賀会開催

◉歴史の終わり　～たとえ廃校になろうとも

二〇一八年、吉利小学校の歴史が終わります。沿革に、平成三〇年、廃校、という文字が加わることになります。一六世紀末から続いてきた、あの場所の歴史に終止符が打たれるのです。

歴史が終わるとはどういうことか。それはその場所にあった、人の息吹が消えるということです。その場を生かしてきた、人の生気が無くなるということです。

人は、それぞれの空間で生きています。その生きてきた空間、環境から、人は知らずに実に多くの豊かなものを受け取っています。そして、それぞれが生きた空間のなかで、特別な空間というものがあります。そこで生きた人々の息吹が、濃密に残っている場があるのです。小松家お仮屋、吉利小学校は、そういう場でした。

残念ながらその歴史は終わってしまいます。しかし、たとえ吉利小学校が廃校になろうとも、その場の歴史が終わろうとも、そこで生きた人々にとって、その時に身についた、その果実は消えません。それぞれの身体の中で生き続けています。

過去を知ること、思い出すことは、懐古ではなく、回顧です。その過去において身についたもの、その場から受け取ったもの、生まれた魂、それを思い出すことです。そこが特別な空間だったことを、過去を顧みて発見したい。そして、現代より過去の方が、素敵な時が流れていたことを認めたい。

今、日本の社会は、分水嶺を下り始めています。もう下り続けるだけです。今、吉利小学校が消えるというのも、そのひとつの象徴です。でも、それに逆らって上っていく、それが、回顧の意味です。サカノボッテ、行きましょう。

YAMASHITA SAN

二、直き心の大先輩　~その一

◉アメリカの大政治家を吉利へ導いた人、山下弥七郎。

～校庭の『日米樹』が語る、素敵な男の物語～

明治三八年（一九〇五年）一一月一日。

今から一世紀以上をへだてた過去のこと、およそ一一〇年も前の話です。その日、日本の南の端っこ、鹿児島は薩摩半島の片田舎、吉利村に、アメリカの有名な大政治家の一家がやって来ます。村にとってはもう大変な事件。村では、三日前から歓迎の準備に大わらわでした。当日は、かつてないお祭りのようなざわめきに満ち、でも大人たちは、その訪問者の名前の大きさにとまどい、緊張もしていたことでしょう。ただ素直に、アメリカ人を歓迎していたのは、吉利小学校の生徒たちだった……。

アメリカからの訪問者は、吉利小学校での歓迎会のあと、吉利を訪れた記念になにか残したいと、クスノキの苗木を校庭に植えます。いくつかの苗木の中から彼が選んだのは、Yの字型に二本の枝が伸びている苗木でした。アメリカ人は、こう言います。一本はアメリカ、もう一本は日本です、両国とも、お互い負けないように大きくなっていくことを祈ります――。その木は二本の幹のある木としてすくすくと成長し、一度戦災で焼けてしまったものの、再び根っこから芽を出して、不思議なことに、また二本の幹が大きく育っていきました。その『日米樹』は、吉利小の校庭で立派な樹となり、今も、生き続けています。

吉利は「ヤマ」の故郷だから……。

そのアメリカ人は、名前をウィリアム・ジェニングス・ブライアンと言って、それまで二度、アメリカの民主党の大統領候補になっていました。徹底した平和主義者で、その堂々たる風貌や、人々の心をつかむ、じつに巧みな演説から、大変な人気もありましたが、二度とも大統領選で敗れ、この後、もう一度大統領選に挑みますが、結局、大統領にはなれなかった人。しかしそののち、国務長官を務めた人物であり、大政治家です。世界的にもとても有名で、なぜそんな人が、わざわざ吉利くんだりまでやって来たのか……。理由は、ただ、「ヤマ」の故郷を見たかったから、でした。

ブライアン氏を、このような一見、物好きとも、変わり者とも、受け取れるような行動に導いた「ヤマ」という人物。それは、明治四年六月九日、吉利生まれ、吉利小学校卒業の、山下弥七郎という人でした。

これからその大先輩、山下弥七郎の話を始めるわけですが、その前に、少しお話ししておきたいことがあります。山下氏は、じつに多くの人が魅了され、敬愛もされた、素晴らしい人格の持ち主でしたが、そんな山下氏を理解するために、氏が、一世紀も前に活躍した人物だということを忘れないで欲しいのです。氏の行動には、現代から見れば、少々常識はずれと思えることも多々あります。しかし当時の社会の常識、空気は、現代とは大きく異なっていたということを、まずあらかじめ知っておいて欲しい。例えば、現代における、拝金主義、虚飾礼賛、我欲肯定といったような、愚かな社会常識、風潮に染まったままでは、とうてい山下氏を理解することはできないでしょう——。

明治四年に生まれて……。

では、始めましょう。

山下弥七郎氏、ここではこの大先輩に、時を超えた親愛の情を込めて、山下さんと呼びたいと思います。山下さんの生まれた明治四年といえば、吉利小学校が産声をあげる直前です。山下さんはおそらく、明治一〇年の西南戦争で一時閉校となり、翌年、再開された学校で学んだのでしょう。新しく始まった学校は、きっと新鮮な空気、新しい時代の息吹に満ちて、子供たちは元気に伸び伸びと育っていった……、そんな想像もあながち間違ってはいなさそうです。

吉利小学校を卒業すると、山下さんは吉利を離れて鹿児島市に出て、県会議員河島健介のもと、県立中学造士館に通い始めます。なぜ河島の世話になることになったのかは不明。ただ、河島は世話好きの性格だったらしく、仕事でよく訪れていた吉利で山下さんを見つけて、この子に高等教育を受けさせようと思ったのかもしれません。山下さんは、きっととても利発な子だったのでしょう。

造士館を出た山下さんは、今度は東京へと出ていきます。東京で世話になったのは、河島健介の兄、河島醇《あつし》。醇は、衆議院議員、のちに日本勧業銀行初代総裁という人で、硬骨漢として知られた人物。その屋敷から山下さんは、世田谷にあった東京英語学校に通います。東京英語学校は、その校主杉浦重剛がユニークな人物で、文部省の国費留学生として、イギリスで四年間化学を学びながら、帰国後は教育者に転身。国際的な視野を備えた人材の養成を目指して、英語学校を設立しました。ここで山下さんは英語を学び、また、海外への目も開かれていったのです。

そして山下さんは卒業後、横浜の英字新聞ジャパン・ガゼットに就職します。ジャパン・ガゼットでの山下さんの仕事は、ガゼットの記事から日本の読者にも興味のありそうなものを選んで、日本語に翻訳し、各新聞社に提供するというものでした。

ブライアンの演説で、アメリカに導かれた山下さん。

その時、山下さんは二五歳。前途洋々たる青年が、ガゼットの記事でブライアンの演説に出会います。その頃アメリカでは大統領選の真最中。突然、彗星のごとく現れた雄弁家ブライアンの演説の数々に、全米が一種の恐慌状態、あるいは恍惚状態に陥っていました。三六歳の若き大統領候補は、天性の弁舌の才を持っていたのです。そして日本でも、まったく間にブライアンの演説のとりことなり、ブライアンという人物にほれ込んだのが、山下さんでした。この人のもとに行って勉強しよう。山下さんは、そう決めてしまいます。そうしたいなとか、そうなればいいな、とか思ったのではなく、そう決めたのです。それまで二人の政治家の世話になっている山下さんにすれば、ごく自然な発想だったのかもしれません。アメリカで学んで、やがては日本のために何かしようと、山下さんは決めました。

そこには自分の将来の生活だとか地位のために、といった邪心などはありません。今どきの、将来何か得をしようと思ってする海外留学なんかとは、全くわけが違います。その真っ直ぐな心根が素敵なのです。山下さんは、まず故郷の両親に相談します。アメリカに行って勉強したいのだが、渡航費用がとても高い、なんとかならないか――。両親はさすがにまず息子の正気を疑いますが、息子の決意の本物を知ったところで、自分たちの田畑を売ることにします。現代の常識から見れば、息子が息子なら、親も親だ、ってところでしょうね。なにしろ現代では、いちばん大切なのがお金なんですから……。でも昔は違った。お金は生きるための、あるいは何かをするための道具のひとつに過ぎなかった……。

山下さんは、ブライアンに手紙を書きます。

「私はアメリカのことをいろいろ読みました。特に興味を持ったのは世界平和と国際間の理解の重要なことを訴えたブライアン氏の演説です。そこでぜひアメリカに行き、ブライアン氏のもとで勉強し、日本国民のために役に立ちたいと思います。これは私の唯一最大の希望です。

アメリカに行って勉強したいという希望を私は郷里鹿児島の父に話しました。何回も相談しました。両親は話し合ったうえ、私の願いを聞いてくれました。しかし旅費がないので両親は田畑を売ることにしています。どうかブライアン氏ご夫妻様、私を〝養子〟にして下さい。田畑が売れて旅費ができしだいあなた様の家をたずねて参ります」

どうでしょう、なんて身勝手な手紙だと思いますか。相手の都合も少しは考えろ、と言いたくなりますか。でも当時の日本では、有力者やお金持ちの家に寄宿する若者は、山下さんだけでなく、たくさんいたのです。いわゆる書生と呼ばれた人たち。だから当時の日本の常識からすれば、それほど奇異なものではなかったはず。ただアメリカにはそんな習慣はなかったので、山下さんは、あなたの家に住まわしてくださいという希望を、アメリカではよくあった形の、養子として引き取ってくれないかという表現で、お願いしたのでしょう。

いざ、ブライアン邸へ。

山下さんの手紙を読んだのは、ブライアン夫人でした。なにしろ夫は遊説で全米を飛び回っていたのですから。夫人は、遠く日本で、夫の演説に触発され、大きな志を抱いた若者にきちんと返事を書きます。あなたの志はたいへん立派です。しかしうちには子供が三人いて、これ以上増えると親としての責任が果たせません。事情をご理解ください……。

さてわれらが山下さんは、この手紙をあっさり無視してしまいます。断られるのは覚悟の上、といったところでしょうか。ほどなく、ブライアン邸に山下さんの二通目の手紙が届きます。

「私はアメリカに行くべく目下準備に一生懸命です。問題は郷里の田畑がなかなか売れないことです。しかしそのうち買い手がつくでしょう。お会いできる日を楽しみに」

夫人のため息が、遠い過去から聞こえてきそうな手紙ですが、でも夫人はこれで、ひとまずほっとします。きっとお金ができずにあきらめてくれるだろう、と。しかし、それから一年以上の時が経ち、忘れたころに、山下さんはアメリカにやって来るのでした……。

故郷の吉利では、田畑が売れずに困っていた父親が、村長の禰寝《ねじめ》弥八郎に相談していました。弥八郎は、山下さんが吉利小学校に通っていた頃、校長を務めていた人物でもあります。鹿児島の河島健介にも協力を仰ぎ、寄付金が集められることになりました。有為の若者を、地域の人々や有力者が応援するというのも、現代ではなくなった、日本の美しい習慣です。そしてついに、山下さんはアメリカへと旅立ったのです。

明治三一年（一八九八年）一月。ブライアン邸に、山下さんからの三通目の手紙が届きます。

「私のなつかしき保護者様。私はついにアメリカに到着しました。今、サンフランシスコにいます。ここからひとまずお手紙を書くことにしたのは、当分サンフランシスコに滞在しなければならなくなったからです。アメリカのご両親様の住むネブラスカ州リンカーンというところがこれほど遠いとは知りませんでした。リンカーンまでの旅費がありませんので、ここで働き口を見つけ、汽車の切符代をかせぐつもりです。切符が手に入ったらすぐ参ります。どうか私のことを心配しないで下さい」

山下さんにしては少々間抜けな感じもしますが、アメリカへ渡るぎりぎりのお金ができたところで、一刻も早く旅立ちたかったのでしょう。

ブライアン夫人は、あわてて夫に山下さんのことを打ち明けます。初めて事の次第を知ったブライアンは、民主党のサンフランシスコ支部長に手紙を書いて、山下という日本の青年を探し出して、私の家庭は絶対に彼を引き取ることができないと伝えて欲しい、と頼みます。

支部長は、すぐにサンフランシスコ郊外の果物屋で働いている山下さんを見つけます。そしてブライアンにこんな電報を打ちます。

「ゴ依頼ノ伝言タシカニ本人ニ伝エタ　タダシ　ヨイ人物ノゴトシ」

初めて会ったアメリカ人に、タダシ、ヨイ人物ノゴトシ、と言わせる山下さんはすごい。しかも支部長は、山下さんに対して、困ったやつだという先入観を持っていたはずです。そんな人に、あっさりその人品を認めさせる山下さんは、さすがです。そして山下さんは、ブライアンからの伝言も、まったく気に掛けず、旅費稼ぎに精を出します。ブライアンにいくら断られても、会えばなんとかなる、そんな自信と、なんとかしなければならない、という決意の固さの両方を持ち合わせていたのだと思います。しかし、リンカーンへの旅費ができるまで半年以上もかかってしまいました。

アメリカでよく働き、よく学び。それも人並み外れて……。

春から夏を通り越して、すっかり秋。一〇月の風の強い、寒い日。ブライアン邸の前に立つ山下さん。ようやくたどり着きました。二七歳になっていました。しかし、ここからが、本当の始まりなのです。夫人は、はるばる海をへだてた日本から、二年がかりでここまでやって来た青年を、無下に追い返すこともできず、一晩だけ泊めることにします。が、その一晩で山下さんは、ブライアン家の人々にすっかり好かれてしまった。以来、山下さんは、五年半の長きにわたって、ブライアン家の人々と生活をともにします。こんな人、そうそういるものではないでしょうね。それだけ、アメリカ人をも惹きつける山下さんの人間的魅力とは、どんなものだったのか。ぜひ一度、生の山下さんに会ってみたかった……。

ブライアン邸での山下さんは、じつによく働きました。皿洗い、家中の掃除、畑で野菜づくり、害虫退治、馬屋の掃除、出掛ける時の馬車の準備、雪かき、雑草刈り、さらには近所で一番のシャクヤクをつくって……。山下さんの働きぶりには家族みんなが驚嘆せずにはいられなかったのです。

ブライアン邸到着から二カ月後、山下さんは地元のネブラスカ大学に入学します。

英文学、米国史、欧州史、ラテン語、哲学、数学、政治学、そして英語。山下さんは勉強が大好きでした。

三年後には、大学院の社会学科に進学し、そして二年後に卒業。「哲学博士」の称号を得ています。

山下さんが大学に入ってまだ一年目の一九〇〇年には、ブライアン二度目の大統領選がありました。この時、山下さんは数多くの有力者と知り合います。ブライアンは山下さんのことを自分の〝門弟〟と紹介するようになっていました。しかし山下さんは、どんなに多忙でも勉強をおろそかにすることはなかったといいます。

五年間の大学での勉強を終えた時、山下さんは、卒業証書とともに、学長ほか学部長など四名の連名による表彰状を受け取ります。そこには、

「あなたは、われわれの最も敬服する模範的紳士である。将来末長く御交誼願いたい」

とありました。交誼《こうぎ》とは、親しい交わりのことです。これもちょっとありえない、すごいこと。まったく、山下さんって人は……。

山下さん、帰国。そして、山下さん一生の仕事。

一九〇四年、山下さんは、日本に帰国します。それから山下さんは、過去の日本人が誰もやっていなかったような仕事をしていきます。それは、公職には就かず、一民間人として、外交の場で活躍する国民

外交家という仕事です。外交の表舞台ではなく、裏舞台での活躍です。アメリカの各方面の要人をはじめ、数多くの外国の知己を持つ山下さんだからこそできる仕事でした。山下さんは、真の米国通、アメリカ問題の権威として、認知されるようになります。政府の相談役としても重宝されました。

一九一九年に、第一次大戦の戦後処理のために開かれたパリ会議や、列強諸国の軍縮が議題となった、一九二一年のワシントン会議などでも、山下さんはずいぶん活躍したようです。もちろん正式な随行員ではなく、議場の外で多くの要人と話し合う、舞台裏の主役でした。

その頃はまた、渡米する人たちで山下さんの世話にならない人はいない、とも言われていたようです。あるいは、吉利や日置から出てきた若者たち、つまり書生が、山下さんの家にごろごろいた頃もありました。

結局、山下さんの仕事とは何だったのか、それは日米親善と世界平和、そして志を持つ日本人の援助、これが山下さんの「仕事」だったのです。仕事とは、本来、お金を稼ぐためのものではありません。その人が出来ること、やりたいことをやって、他人の人生を豊かにし、また自らの人生も豊かにするものを「仕事」と言います。

山下さんが亡くなったのは、昭和一四年一二月。ご存知のようにその後、日米は戦争を始めます。もし山下さんが生きていたら、もしかしたら……。

『日米樹』に込められた意味を、もう一度……。

この物語の最後に、もう一度、『日米樹』誕生の明治三八年に戻ってみましょう。

山下さんが帰国した翌年、ブライアン一家は、世界旅行へ出かけます。前年の大統領選では、民主党の大統領候補にもなれなかったブライアンにしてみれば、心機一転、という意味合いもあったでしょう。ヨーロッパ各国やロシアを訪問するこの旅で、ブライアン一家は、まず日本を訪れます。子供たちも「ヤマ」のいる日本に行きたがっていました。

一九〇五年、一〇月一四日、横浜到着。

ブライアンが日本で、山下さんについて語った言葉を少し紹介しましょう。

横浜にて、

「彼は五年間を私どもの家族同然に過ごし、この間彼が示した資質、すなわち忍耐、誠実、むじゃき。それらが私をして、日本人を深く敬慕せしむるに至りました」

じつに素晴らしい賛辞の言葉です。そして、鹿児島にて、

「その五年半を通じ、彼は品行、勤勉すべての面において私たちを感服せしめた」

日本での過密なスケジュールをこなして、周囲が盛んに引き止めるのも聞き入れず、「ヤマ」の故郷を

見るのがこの世界旅行の一番の目的なんだと言って、ブライアンは鹿児島へと旅立ちました。

山下さんは、吉利までやってきたブライアンの真情が、ただただうれしく、感激していたに違いありません。なぜなら、その人が生まれ育った故郷を見たい、ご両親に会いたい、というのは、その人への最大の敬意の表れだからです。なぜ、こんな素晴らしい人間がこの世にいるのか、彼を育てた場を見たい、彼を育てた人々に会いたい……、ブライアン氏はそう思ったのです。ブライアン夫人もまた、次のようなことを言っています。私の子供たちの一人でも、山下さんのような人になってくれれば、それにまさる喜びはありません、と。

ブライアンは鹿児島で、河島健介と西郷隆盛のお墓参りもします。まだ子供のころの山下さんを育てた河島健介にも敬意を表したのです。西郷さんのことを、山下さんがどのようにブライアンに話していたかはわかりませんが、西郷さんを尊敬していたことは確かでしょう。西郷さんは、命もいらず、名もいらず、官位も金もいらない、と言った人。そして山下さんも、命はともかく、名も、官位も、金もいらない人でした。

そんな山下さんが、吉利で生まれ、吉利小学校で育った人だった。その事実が、はるか時を超えて、私たちの心に沁み入り、私たちの人生をも豊かにしてくれる、そんな気がします。

吉利小学校校庭の『日米樹』は、日本とアメリカの友好のしるしではありません。山下さんという、類《たぐい》まれな、素晴らしい人格が、この地で、この吉利小学校で育まれたのだという、その歴史の証《あかし》なのです。

IRUKAYAMA SAN

三、直き心の大先輩　～その二

◉戦後の吉利の人々が、最も慕い、恩を感じた人、入鹿山嵩。

~劇的な急逝。その後、さまざまに綴られた追慕の言葉~

突然、この世から消えた人。

まことに唐突ですが、まず、次の一文を読んでみてください。昭和二九年、この物語の主人公、入鹿山嵩氏の葬儀で、吉利中学校の生徒代表が詠んだ弔辞の一節です。

「ある時、かわいそうな人が散髪屋の前にいましたが、先生は調髪をすまされて出てこられ『おお、お前もいたのか、お前にもやらんならねえ!』と情のいくらかを与えられました。じっと見ていた私の胸は熱いものがこみあげて来ました。意志の強さと情の美しさを無言の中に教えられました。人間の心は、こうなければならないとつくづく思いました」

二、三回は繰り返して読んでみてください。とてもいい場面です。これだけで、入鹿山さんの人間的な魅力がよく分かります。その溌溂とした風貌や、さっぱりした性格、他者を気遣うこまやかな情愛、優しさにあふれた微笑、そんなものまで容易に想像できそうに思います——。

入鹿山嵩《いるかやまたかし》。明治二三年（一八九〇年）七月一八日、吉利生まれ。明治三六年、吉利小学校卒業。そして時は飛んで、昭和二九年（一九五四年）八月二六日、上京中に急逝します。

入鹿山さんの話を、亡くなった時から始めて恐縮ですが、しばらくお付き合いください。

それは突然の死、劇的な急逝でした。

鹿児島で、さまざまな役職を務めていた入鹿山さんでしたが、この時は、県PTA連絡協議会会長として、日本PTA全国協議会に出席するため、八月二二日に東京へと旅立っていました。八月二五日に議場で、議長団の一人に選出され、壇上にのぼります。その壇上で、入鹿山さんは、突然、倒れたのです。その時の会場の騒然たる雰囲気は如何ばかりだったことか……。すぐに病院に運び込まれましたが、そのまま翌日、帰らぬ人となりました。

まず東京で、日本PTA連絡協議会葬が営まれます。そして次に、鹿児島に戻って県合同葬、さらに吉利に帰ってきて、吉利小学校講堂において、村葬が営まれました。冒頭に紹介した中学生の弔辞は、この村葬で詠まれたものです。この入鹿山さんの急逝は、村の人々にとって本当に衝撃的でした。もう少し、中学生の弔辞を紹介しましょう。

「八月二六日、突然入鹿山先生が亡くなられたとのことを、ラジオで聞いてびっくり致しました。村の人々は、あっちでも、こっちでも大変でした。どうして先生は、亡くなられたのでしょう。

ついこの前までは、あんなに元気でいらっしゃったのに不思議でなりません。人間の命なんてほんとに当てになりません。いつも杖をつかれ、それでも元気そうな先生が向こうの方からとっくりとっくり歩いて来られるような気が致します。どうしてもうそのようです」

あまりにもその死が突然だったため、まだ信じられない気分だったのでしょう。

しかしこの中学生は、よほど優秀ですね。じつにうまい文章を書くものです。技巧的でない、本当にうまい文章です。ただ、この時代はまだ、テレビなんて余計なもののなかった時代ですから、みんな本を読んで、文章のうまい人は多かったのですが……。

またこの弔辞には、こんなくだりがあります。

「『やあ！』と明るく微笑される声や姿が、眼底にはっきりと残っています。先生を亡くした悲しみは、実に測り知ることは出来ません。殊に小さな吉利では暗夜に灯を失った淋しさがひしひしと迫ってきます」

彼の文才を褒めつつも、つまりは、入鹿山さんという人が、あまりに大きな存在だったために、表現力に優れたこの中学生に、こんな文章を書かせたのだということも、忘れてはならないでしょう。

「故入鹿山嵩氏顕彰記念誌」

さてほとんどの村人が参列した村葬の後、墓所への埋葬にもみな、ついて行きました。その長い長い行列の写真が残っています。悲しみの行列というより、ほんとに亡くなったとは信じられず、それを確かめたくて、ただただ入鹿山さんの後についていく、そんな感じの行列に見えます。前景は田んぼ。背後の林の前を人々が行く美しい写真。入鹿山さんがいかに村人から慕われていたかを、その行列の長さが物語っています。

そして、入鹿山さんが亡くなって一年三カ月後、吉利中学校に入鹿山さんの記念石碑が建ちます。さらにその翌年の五月、「故入鹿山嵩氏顕彰記念誌」が発行されました。その記念誌には、新たに書き寄せられた文章のほか、入鹿山さんの葬儀における弔辞も載せられています。先の中学生の弔辞も、ここに収められているものです。墓所へ向かう行列の写真も載っています。

県合同葬の時だと思われますが、当時の鹿児島県知事、重成格も弔辞を詠んでいます。入鹿山さんは県議会議員でもありました。知事の弔辞からは、形式的でなく、真にその死を惜しみ、残念に思っていることがうかがえます。「偉大なる人格」「諧謔に富み壮者を凌ぐあの溌剌たる紅顔」「剛毅闊達なる風格」「万人の敬愛追慕の的」「巨星墜つ」「大人よ、君の遺された偉業は決して亡びませぬ」といった言葉が、決して美辞麗句を並べ立てたとは思えない真実味を持っています。重成知事は、顕彰記念誌に序文も寄せており、「鹿児島にとって惜しい人であっただけでなく日本にとっても惜しい人であった」「最も信頼の出来る人であった」「大隅の坂口壮介翁と薩摩の入鹿山翁——これは十カ年私の知事在職中に知った最も敬愛する鹿児島の偉材であった」と書いています。まったくその見識、人格において、現代の知事とは雲泥の差のある、立派な知事だったのでしょう。

惜しい人を亡くした、という言葉はよく聞きます。でも、これほど惜しまれる人は、そんなにいるものではないと思います。

医者にならずに、医学雑誌の編集者。

さて、お待たせいたしました。若い頃からの入鹿山さんの話を始めましょう。

入鹿山さんは明治三六年、吉利小学校を卒業し、川辺中学校に進みました。旧制中学校の五年間の課程を終えて、明治四一年、一高を目指して上京しますが、その目標は達成されなかったようです。結局、父、金次郎のすすめもあって、東京慈恵医学専門学校に入学します。金次郎は医師であり、県議会議員も務め、仏教に深く帰依し、地域の農業振興や教育に大きな貢献をなした人物であり、その人徳は広く人々の尊敬を集めていました。

しかし、入鹿山さんが慈恵医大に入学したのは、明治四五年。四年もの間、東京で何をしていたのかは不明です。単に四浪して、勉強しながらいろいろ見聞を広めていたのでしょうか。さらには五年後、卒業まであと一年となったところで、なんと学校を中退してしまいます。どうやら医者になりたくなかったようなのです。「即ち医者は保守的でわがままだ、そして金をボルことばかり考えている。病気と不幸と苦痛の中にある気の毒な患者から高い薬代を取るに忍びない」と言ったとか……。

しかし入鹿山さんは、医者になるのを辞めただけで、医療には深い関心を抱いていました。のちに医学雑誌の編集に携わり、アメリカに留学して再び医学を学び、後年、鹿児島で議員を務めるようになると、保健衛生面で多くの業績を残したのです。察するに、医者になれば自分の患者しか助けることはできない、しかも、高い治療費を気の毒な人々から取ることとなる、そうではなく、みなが等しく、安く、医療の機会が与えられるようにする方が意義あることだ、と考えたのではないでしょうか。義侠心のある男――それが子供の頃からの入鹿山さんの周囲の見方でした。

学校を辞めて、二七歳の入鹿山さんは、一時帰郷します。時代は大正。その五年になっていました。吉利では、子供たちに勉強を教えたり、一緒にいろんな行事に参加したりして、教育的な活動を行っていたようです。その後、一年半の間、入隊します。学校を中退したために、兵役の義務が生じていたのです。

軍隊から戻った入鹿山さんは、再び上京することになります。「日本医界社」という出版社に入り、編集の仕事を通して、医療の世界に関わっていきます。しかし数年後、この出版社は倒産してしまうのでした。

山下さんの世話でアメリカへ。

大正一二年、入鹿山さん三三歳。心機一転、アメリカへ飛び出します。これは入鹿山さんの以前からの念願でもあったようです。ここで登場するのが、あの山下さんです。東京では、吉利出身者たちの交流が常にありました。山下さんは入鹿山さんの一九年先輩。郷里の大先輩の世話で、アメリカに渡ったのです。

シカゴでメディカルカレッジに入学し、再び医学を学びました。順調に、大正一五年三月にこの学校を卒業し、医学博士の称号を獲得。さらに続いて、やはりシカゴでノースウェスタン大学研究科に入学し、一年半で、マスター・オブ・サイエンスの学位を得ています。科学修士ということですが、専門が何だったのかは分かりません。

入鹿山さんがアメリカ留学中、ニューヨークに滞在していた山下さんを訪ねたことがありました。二人でうどんを食べようということになり、欲張ってたくさん茹でたら、膨れ上がってとんでもない量になり、競い合って食べたものの、とても食べきれなかったという、なんとも微笑ましい逸話があります。二人ともいい大人だから可笑しいのです。きっと、お互い大いに笑い合いながら食べたことでしょう。

およそ四年間、アメリカで学んだ後、入鹿山さんは半年間にわたり、ヨーロッパを視察（もしくは漫遊）してから、日本に帰国しました。昭和三年、二月のことでした。

五〇歳の大事故。そして、戦争が始まる。

帰国後は、まず以前勤めていて倒産してしまった日本医界社の再建に、請われて取り組みますが、これはうまくいきませんでした。そして「日本の医界」という雑誌の編集長に就任します。帰国から二年が経っていました。そのさらに二年後、今度は自らが社長となって、「医界思潮」という雑誌を創刊します。翌年には週間医学雑誌「日本医事週報」と合併し、主幹に就任します。この時、入鹿山さんは四二歳。主幹とはその雑誌の方向性、性格、主張などを決める中心人物のことです。入鹿山さんは、国民健康保険制度の確立が信念であり、それを主唱していた人と伝わっています。おそらく、自分の雑誌でその論陣を張っていたのではないでしょうか。あるいは、様々な人脈を通じて、直接、役人や政治家に折衝していたことも考えられます。その風格も十分備わっていたことでしょう。

ところで、入鹿山さんは、詩もよく書いています。医学系とはいえ、雑誌の仕事に携わるようになったのは、文学好きの一面があったからだと思われます。

そして、入鹿山さんは、五〇歳になっていました。

昭和一五年のとある日。その朝、いつもの通勤電車に乗ったところ、子供を背負った婦人に気づいて、一旦電車を降り、その方を先に乗せ、後から自分も乗り込もうとしました。途端に、電車が動き出し、入鹿山さんは足を滑らせて、線路に転び落ちてしまいます。電車に轢かれるという大変な事故に遭ってしまったのです、片足を切断し、入院は一〇〇日間にも及びました。これが、どれほど入鹿山さんにとって大きな事件であったかは、ちょっと想像するのは難しい。入鹿山さんは、隻脚《せっきゃく》―かたあし。または、いっぽんあし（広辞苑）―の人となったのでした。

電車の車掌が、お詫びのために病院にやって来て、慰謝料を申し出ました。しかし入鹿山さんは、「車掌さん、君も故意にした事でないし、また足も元に返るはずもないし、お互いの運命だから心配する必要はない」と言って、慰謝料を断ったそうです。いかにも入鹿山さんらしい逸話として残っています。

入鹿山さんは、退院後はまた仕事に復帰し、この翌年の八月、医学雑誌六社を統合し、「医界週報」を創刊。その主幹となりました。

しかし間もなく、日本は戦争に突入していくのでした。

五〇代半ばの帰郷。それからの精いっぱいの八年間。

戦争終盤、焦土と化す東京。入鹿山さんは、逃れて吉利に帰郷しました。日本の敗戦がどれほど入鹿山さんに大きな影響を与えたかは、これもちょっと想像は難しいところです。しかしこの敗戦と帰郷が、入鹿山さんの大きな転機となります。

吉利に帰って来てから、自分の決意を詩に書いています。その一部。「復興の意気火と燃へて　先人辛苦の跡追わん　伝統に生くわが友よ　仰げ理想の空高く　道は経曲遠けれど　正しく生きん手を把りて楽土築かんわが里に　永久に揺がぬ平和郷」――すごい決心をしたものです。

昭和二一年六月、鹿児島県選挙管理委員会委員長に就任したのが始まりでした。一一月には吉利村長臨時代理者となります。その翌年、昭和二二年の四月、選挙で正式に村長に選ばれます。その決意のとおり、村長として粉骨砕身、郷土のために働いたことは想像に難くありません。

当時の吉利小学校の生徒たちが、よく覚えていることがあります。それは戦後の食料難の時代に、県内で最も早く学校給食が始まったことです。とてもありがたいことでした。それが入鹿山さんのおかげだったことも、生徒たちはよく知っていました。

村長になって二年後、入鹿山さんは「地方優生保護審査委員」という役職に就き、ここからその活躍の場を広げていきます。この後の二年間で、入鹿山さんが務めた役職を列挙してみましょう。「県町村会長」「県参与」「県健康保険組合理事長」「県町村吏員恩給組合長」「県社会教育委員」「県建設審議会委員」「県結核予防会委員」「全国町村会常任理事」「県ユネスコ協力会理事」「県治安協力連盟副会長」「県医療制度対策審議会委員」「県農業改良委員協議会長」「県防災協会会長」「県立図書館協議会長」「県総合開発審議会委員」、といったところです。

村長を四年間務めたのち、昭和二六年五月、入鹿山さんは県議会議員となります。衛生委員長、総務委員、文教委員などを務めますが、なかでも衛生委員長としての活躍がめざましかったようです。医学や医学界についての知識も活かせたことでしょう。県内の保健衛生面の体制、制度、環境などがずいぶん改善されたことでしょう。吉利の村役場のそばに、健康保険診療所もつくりました。

県議となったあとでは、「県社会福祉協議会会長」「県身体障害者雇用促進協議会会長」、そして「県ＰＴＡ連絡協議会会長」「県学校給食推進協議会本部長」などに就任しています。

さまざまな公職について、世のため人のため、尋常ならざる働きをした入鹿山さん。しかしその活躍の期間は、わずか八年間でした。たった八年間で大きな業績を残し、人々に慕われ、最も惜しまれる人物となった入鹿山さん。県議在職は、わずかに三年と三カ月。ただただ惜しい……、現代の私たちから見ても、本当に惜しい人を亡くした、と思えます。

昭和二九年八月二二日、これが帰らぬ旅になるとは誰一人として夢想だにせず、入鹿山さんは、東京へと旅立ちました。

息子さんの「最後の対面」

上京した入鹿山さんを、当時、慶応大学在学中だった息子さんが訪ねています。それは死の前々日のことでした。その時のことを息子さんは、「最後の対面」と題した文章にして残しています。
「『どこの浮浪児だ』などと笑って迎えてくれた父の顔は、長途の旅に流石疲れていたのか、憔悴の色が濃かった」

父と息子の間に流れる、温かい情のようなものを感じます。しかしその翌日、入鹿山さんは、会議の壇上で倒れます。運び込まれた病院は、奇しくも中退ではあっても母校の慈恵医大病院でした。息子さんのところには、すぐに迎えの車が来ました。
「病院に着いて通された部屋は、薄暗い、小さな部屋だった。父はその中の、これまた汚いベッドに、聞き覚えのある鼾を高らかに眠っていた」
「大病院というものの行き倒れ人と同様に扱われた父の所には、医者も碌々廻って来ず、看護婦が付き添うようになったのも遅かった。病院の連中が、父を先輩として敬意を表するようになった頃は、既に運命は決していたろう。しかし、病院の不親切、不手際を恨むより、こんな所に担ぎ込まれた父の運命を可哀相に思った」

この時息子さんは、父はこんなところで死ぬような人間ではない、と思っていたのでしょう。こんな汚い部屋とベッド、父にはふさわしくない、ひどい扱いだと……。

息子さんが病院に着いたのは午後五時。病室の父親を見てから、不安がどんどん大きくなっていきました。そして臨終は、翌午前〇時二五分でした。

しかし、亡くなった後、少し気持ちが落ち着いたのでしょう。息子さんの気持ちに変化が表れてきます。この文章の最後では、次のようなことを書いているのです。

「翌日も在りとて頼む可からず、と自ら範を垂れて、故郷遠い母校の薄汚い病室で死んだ父、私にはこれが、父の一生を決算するに相応しい、自然な姿の様に思えるのである」

きれいな整った病室で、お偉いさんたちに囲まれて息を引きとるなんて、入鹿山さんには似合いません。ただ真っ直ぐに突き進み、生きた入鹿山さん。行き倒れのような死に方こそ、入鹿山さんには相応しいのでは……、と思えます。

「毀誉褒貶　眼中になし」。入鹿山さんが残した詩の一節に、こんな言葉があります。毀誉褒貶《きよほうへん》とは、褒めたり貶《けな》したりの世評のこと。他人が自分をどう見ようが、そんなことは一向にかまわぬ、ただ信念を持って雄々しく生きるのみ、それが入鹿山さんの生き方でした。

隻脚の人

話はこれでおしまいです。

最後に、結局、入鹿山さんのどこが特別な人だったのかを考えてみます。なぜこれほど人々に慕われたのか、他の偉い人と違っていたこととは何だったか……。

それは、つまりは入鹿山さんが隻脚の人だった、ということに尽きるのです。動き回るのにとても不自由な思いをしたはずなのに、五体満足の人以上に元気に動き回り、まわりにその不自由さを感じさせなかったところがすごいのです。普通なら周りに助けられる立場の人です。それが、他人のために動き回り、多くの人を助けた……。身体障害者でも、もちろんがんばっている人は大勢います。しかし多くは自分のため、健常者と変わらない生活を送るためであり、他人を助けるためにがんばる人など、そうそういるものではありません。

でも、入鹿山さんは、隻脚でありながら、世のため人のため、じつに精力的に動き回る人だった。人々は大いに恩を受けた。そして石碑を建て、その功績と人柄を後世に残そうとした……。ほかに例を見ない、隻脚の偉人。それが入鹿山嵩という人であり、他人に感動を与える特別な人だったのです。

ではここでもう一度、初めに紹介した中学生の弔辞を読み返してみてください。そして、その情景を思い浮かべてみてください。

そう、散髪屋から出てきた人は、かたあしだったのです。その隻脚の人が、かわいそうな人に、気軽に、元気に声を掛けて、情を与えた……。さあこれほど情感あふれる、美しい光景があるものでしょうか。誰もが、胸に熱いものがこみあげて、涙も出てこようというものです。こんな場面に出会ったその中学生が羨ましくさえ思えてきます。

もしも、この場面を頭の中で想像できなかったり、なんと美しいのだろう、と思えなかったとしたら、あなたこそ、かわいそうな人です。

さてもう、私たちはこんな場面に出会うことはないのでしょうか。いえいえ、そんなことはないはずです。多くの人が、きちんと歴史を顧みて、入鹿山さんや山下さんの〝直き心〟に学ぶとすれば、こんな場面が再生されることも、きっとあるのではないか……、そう思います。

第一章

卒業生作文集　その一

92歳～78歳

◎昔の想い出が次々と浮かんでくる今日この頃。廃校はとても寂しいこと、地域全体にとっても……。

「母校の想い出」

山ノ内次雄　九二歳

私が小学校に入学したのは昭和五年四月です。当時は吉利尋常高等小学校でした。その後国民学校、吉利小学校になったと思います。学年は尋常科、高等科、補習科があり成績の良い子は中学校（現高校）に進学しましたが、私は補習科を終えて就職しました。学科は普通科のほかに農業科があり地域内を馬糞を拾って歩いた事も覚えています。高学年になれば、通学は下駄か草履を履き、学校近くになれば裸足になり元気で走ってゆくものでした。

上の階段を上ったところに奉安殿があり、教育勅語が収めてあり、朝礼で裸足で校長先生の朗読されるのを聞き、霜の強い朝は足裏は霜溶けでべとべと、それで霜焼けをして足が腫れただれて痛い想いをした事も覚えています。それで剣道の寒稽古が一番いやでした。

運動会は賑やかで朝の場所取りが大変でした。競技種目も士気を鼓舞するのに騎馬戦、棒倒し、親子リレー等ありました。下の階段に出店が出てお菓子やニッケ等買って食べた思い出もあります。また輪番で三カ村（日置、吉利、永吉）の運動会もあり、選ばれた選手を応援に行った事も記憶にあります。

私達の学校からは沢山の偉人が出ておられます。またアメリカからブライアンも来てクスノキを植えた名のある学校でもあります。この由緒ある学校が廃校になれば益々地域が寂れてゆきます。運動会の声援も聞けなくなり、また登下校の子供達の元気な姿も見えなく寂しくなります。これからは若い人達の考えで仕方ないかもしれませんが、よく見守って下さい。昔の想い出が次々と浮かんでくるこの頃です。

＊　＊　＊

◎尋常小学校四年生の大冒険！　とてつもなき不良行為、お許しください。

「今を遡る事八〇年。田舎小僧晴中飛躍の極秘話」

冨ヶ原義徳　九〇歳

吉利尋常高等小学校四年生の時。七月頃、鹿児島の鴨池動物公園で魚雷発射の実演あり。電柱に広告が貼ってあるのが目に止まり、暫く見入る。（ドゲンカシテ行っ見たい）思いにかられ、同級生で親友下内末廣君宅へ向かって走っていた。幸いにも在宅で手招きで合図し、屋外の片隅で広告の話をした処、意外にも二人で見物に行く事へ意気投合した。登校日を狙っての決行である。途轍もなき不良行為なるは認知の筈。あの当時の心境が今だに不可解でならない。

回を重ねて行動計画を捻る。先ず決行の日程。吉利駅での乗車時刻。特に工面する所持金はどれ位か。当時は唐芋飴が一銭で十個買える時代で、持参した額は記憶にない。

愈ヽ《いよいよ》決行の朝を迎える。何時もの通り布製の肩掛鞄と弁当箱を片手に持った。此の世に生を受けて初めて伝わる高鳴る胸の鼓動。幼な脳裏にも、非行誠に申し訳なき詫びとの交錯。巷に類なき行為、果たして田舎小僧、事無きを得て帰宅出来得るか。されど斯かる心配をした記憶は全くない。

以前決めた場所に幸いにも誰とも行き合う事なく合流した。草薮に鞄を押し込む。弁当箱片手に駅に向かって線路を必死に走り込む。幸いにも誰も居なかった。乗車券を買い、汽車が来る迄、倉庫の壁側に潜んで待つ。愈ヽ汽車が見えて来た。ホームに入る。停車直前に飛び出し、乗り込んだ。二、三人乗車されたが見知らぬ人達で助かった。第一の難関を突破した。暫くは蒼白失せぬ二人であったろうが、歓喜し合う車中の人となる。水田や山野、家々が走っているかの錯覚を感じた。窓越しに二人は甲高く何かを叫んでいた。トンネルでの黒煙の味わいも知った。

伊集院駅に着く。人様の動きに添うて鹿児島本線に乗り換えた。機関車や列車も桁違いでしかも乗客の装い等の格差を子供ながら感じた。暫くして軒並の情景からして鹿児島市街と判った。すると隣から博覧会行きの話し声が耳に入った。これ幸いと二人の顔は緩んでいた。気楽に初めての電車に乗れた。多くの人並。高層な建物。商店街。すべてが見惚れる光景である。話し声、ざわめきで到着と判った。待望の地に降り立った。無言、但し感嘆の眼差しであった。

入場料はいくら払ったか記憶にない。来客で混雑している。目前に表現し難き初めて見る怪物。発射台に魚雷が居座っている。皆驚きの様子で見入っている。間もなくして発射時刻の迫ったとの放送で、周囲は観衆で更に埋まった。耳を手で塞ぎ、轟音と同時に浮き沈み繰り返して止まった。同時に万歳三唱が湧き上った。待望の夢、念願叶えられた瞬間。堅く握手し、飛び上がって喜び合う二人であった。自責の念、一瞬忘れた二人であった。

さて待望の夢は叶った。問題は下校し帰宅する時刻は凡そ決まっている。それ等に合せる様、発車時刻も考慮していたと思う。事なくして吉利駅に帰着した。人目に付かぬ様線路伝いで走り、鞄を取り出し、人様に出会う事なく帰り着いた。帰りを告げて家に入る。祖母が一人で夕食の準備らしく台所に居た。母達農作業で不在だった。祖母の気配からして、学校からは何等の問合せもなかった事。即ち二人の断行、大成功を立証した事である。瞬間、胸中裂ける程に小躍りしていた。今にして脳裏鮮やかに蘇る。己の不良行為を素直に喜ぶべきなき事なれど、冷静沈着に人様に迷惑をかけず夢叶えるに到った事。二人だけの悪夢とし秘めていることである。当時の校長先生、特に担任の先生には心底より無言のお詫びを幾度となく申し上げて来たことである。

幾多思い出を刻んだ盟友末廣君は、平成一三年、七五歳で逝去さる。生ある者の定めとは申せ、追慕の情切なるものあり。天の無情、誠に痛惜の極みなり。八〇年に及ぶ二人だけの秘話なれど、此の度、事情により有体に記述するも述懐隠し得難きもの之あり。なれど後世への戒ならんを只管《かん》（筆）に願い込めて恥を偲んで表明に到る。盟友よ何卒幾重にも御容赦請うなり。田舎小僧先の大戦で元海軍特攻出撃の機を得ずも、幾多の死線を越え齢九十を今にし在る。戦友同期の桜、永に安らかなる御冥福を祈るなり。

＊　＊　＊

◎運動会、針供養、自然観察……、懐かしい日々。
それは厳しい時代にあっても、温かく楽しい日々だった。

「思い出の数々」

前田（向原）絹子　八五歳

故郷を思い出しては懐しんでいた吉利小学校が廃校と聞き、一時は耳を疑い、寂しさと悲しみにくれつつペンをとる。

母に手を引かれて、初めて校門をくぐった昭和一一年四月。桜の花も今を盛りと咲き誇り、あれから八十年の歳月が流れている。

小学校での思い出で一番頭に浮かぶのは、軍国主義を叩き込まれた事。厳しい日々の教練で一糸乱れず行動する。起立不動の姿勢。ある霜の強い朝、運動場に裸足の儘整列し、長時間立って話を聞き、足が冷めたくジンジンしたのを今でも覚えている。足の裏が真赤になり、教室へ向かう時ふと振り返ると生徒の足あとが、ずらっときれいに並んで付いていた。霜焼けや、ひび、赤ぎれに苦しめられた日々だった。これも弱音をはかず強い青少年を育てる為の教育だったんだろうと思う。

こうした厳しい教育の中にも、先生方との心温まる思い出も数々ある。二年生の時、自然観察の時間、七〇人の児童を一人の先生が引率し吉利の海辺、砂浜、松林の中を歩き、珍しい物を探す。潟には松露（しょうろ。方言ではしゅろ。松林の中に生えるきのこ）が多く拾っては皆「先生あげる」と言って持って行く。翌日、先生は弁当箱いっぱい松露と卵いためを作り、クラス全員に一さじずつ食べさせて下さった。その味を今でも覚えている。たった一さじのおかずにしても、皆と分け合って食べると美味しい。優しい思いやる心を教えたかったのかも知れない。

吉利では男の子は肝試し、女子は針供養をする習慣があった。裁縫が上手になる様祈りをこめ、針に感謝して折れ針、さび針、使えない針を豆腐にさし料理を作って祭る。その夜先生の家へ料理を持って行く。その夜は皆で一つの家に泊まり楽しく語り合う。五、六年生の楽しみの一つだった。こうして女子は料理、裁縫、整理の仕方を覚える。

運動会も村民あげての楽しい行事である。毎年一一月三日と決めてあり、その日に雨の降った事が無く、霜の強い朝は霜柱を「ザクザク」と踏みつけながら登校し、万国旗の翻る中でドーンというピストルの音と共に運動会は始まる。次々とプログラムが進む。自分達の出番が来ると胸をどきどきさせながら出場したものだ。走るのはあまり速くなかったが、障害物競走や風船とり等、懐しい。思いがけず一等になりとても嬉しかった事。家族全員で頬ばったおにぎり、母が作ってくれたタニシのつくだに、ムカゴのおかず、黄金焼の卵焼、カマボコ、今思うと物の無い時代、有り合せを工夫して作ってくれた昼食、美味かったなァー。庭の柿をしぶ抜きして一緒に。

終わりになると各区対抗のリレー競争、全員総立ちになり声援を送り、手が痛くなる程応援したものだ。あたりが薄暗くなる迄続く。みんなで語り合いながら家路につく。

今でもあの声援が耳もとに、ひびいてくる。

＊　＊　＊

◎輝かしい歴史を持ち、想い出が一杯つまった吉利小の廃校の危機。これは、ドゲンカセントイカン。

「吉利小学校『日米樹』に想う」

武石道男　八四歳

私は当時日本の植民地だった台湾で生まれ、昭和二〇年、中学二年一三歳の時、太平洋戦争が終戦、翌二一年四月、父母の郷里である「吉利」に引き揚げ、爾来、高校卒業まで多感な少年時代を過ごした第二の故郷である。

当時は終戦で、海外各地から家族ぐるみの引揚者、軍隊からの帰還者で村の人口も一挙に膨れ上がり、活気にあふれていたこと。ただし、戦後の混乱、特に食料不足はひどく、育ち盛りの真最中、水のようなおかゆをすすり、からいも作りなどの馴れない厳しい農作業などに振り回される中、田植えのお手伝いの狙いは昼食時の、白米の大盛りのごはん、美味しかったことが忘れられない。

私自身吉利小学校を卒業していないが、校庭での村の腕白仲間とよく野球をしたこと、最盛期には「吉利チーム」を作り、日置村、永吉村との三カ村対抗試合など楽しい想い出も。なかでも、他村の小学校のグランドは周囲も平地で二段構えの当校グランドと異なっていたこと。今思えば、南谷、小松家「御仮屋」の跡に建ち、「明治五年、御仮屋は学問所と変じ、外城三九号と称す。これ現今小学校の濫觴（らんしょう。始まりのこと）なり」（吉利郷土史・入鹿山清秋著）と古い歴史を持つ吉利小学校であったこと。今に至るまで、多くの人材を輩出していることは周知のことであるが、私は、校庭にある「日米樹」こそ、日本いや世界に誇る遺産であると思っている。

これは、吉利小学校出身の山下弥七郎氏が米国留学の際、副大統領ブライアン一家に迎えられ書生として共に過ごし、大学で学ぶ間に芽生えた友情によるものであるが、明治三八年にブライアン一家は世界漫遊の途上日本に立ち寄った際、東京での忙しい歓迎行事の合間を縫って、「山下弥七郎氏の郷里を見舞わざれば今次の旅行は不満足なり」と言い、遠く鹿児島までそして吉利に来村。弥七郎実家を訪れた後、吉利小学校での村を挙げての歓迎行事に臨んだ際、校庭にブライアン卿が日本とアメリカの繁栄を願って、一は日、一は米を表す、二股の樟の木を記念に植え、日米樹と名づけた。

「『日米樹』は激しい風雨に耐え、子供たちの温かい心からの世話ですくすく伸びた。ところが太平洋戦争末期、丁度広島に原爆が投下された同じ日、昭和二〇年八月六日、米軍機の空爆により、当時兵舎だった校舎とともに『日米樹』を炎上させた。その後『日米樹』がよみがえったのは、戦後まもなくである。戦争が終わるのを待ちかねていたように、焼けぼっくいが芽を吹いた。ひこばえは二本。くしくも、再びアメリカの枝と、日本の枝。今その二代目『日米樹』は校庭の一角を萌え立つような緑でおおい、両手を伸ばして天に立つ。冨も名声も残さなかった、弥七郎らしいしたたかな遺産ではないか」（昭和五五年七月二五日南日本新聞「太平洋にかける橋―ブライアン山下物語―」から）

このように、明治維新時の原動力とし、西郷、大久保らとともに活躍した小松帯刀の御仮屋跡に建ち、数々の人材を育て、私たちの想い出が一杯つまっている、歴史ある「吉利小学校」が生徒数の減少で、廃校の危機にあると聞き、吉利出身の一人とし「ドゲンカセントイカン」と想うことしきりである。貴重な教訓を残す「日米樹」の回りを学童の走りまわる日の一日も早からんことを！

（参考）

①吉利郷土史（入鹿山清秋氏記）

②太平洋にかける橋「ブライアン山下物語」（南日本新聞創立百年企画）

③日置、市来、串木野の一〇〇年（郷土出版社）

＊　＊　＊

◎南薩随一の美しい校舎。空襲で全焼。戦後、軍国主義から自由主義へ。戦争はしない、それだけが強く心に残った。

「私達を育ててくれた吉利小学校」

下内久史　八二歳

紀元二千六百年、昭和一五年の尋常小学校時。泣き虫の私は入学式で先生を手こずらせた。校門の石段を登ると、運動場、また石段を登ると、右側に奉安殿、左側に二宮金次郎の石像。この二つの前を通る時は必ず両方に御礼をすることであった。左側に講堂、突き当たりが、平屋の校舎。右手より理科資料室、教室。一、二、三、四、五年生の教室で、五年生から男女別々の教室であった。右手側は芝生があり、二階建ての校舎。一階玄関左側は教員室、右側は校長室、隣りは裁縫室があり、二階は六年生の男女別々の教室と、高等科生の教室となっていて、南薩随一の美しい校舎と云われた。裁縫室の南側は通路があり、崖の上に葡萄の棚があって、花壇も、担当の先生によって良く整備されていた。写生の時間に、玄関とその両脇にあった蘇鉄の写生をしたことが今でも忘れられない。

三年生の時、大東亜戦争が始まり、国民学校となって終戦迄続いた。五年生の頃より、戦争が激しくなって、校庭や運動場に甘藷を植えた。アルコールを抽出して、飛行機の油にするためだと教えられた。

松の木から、松脂も取らされた。空襲が激しくなり、六年生時から全校学年、お寺、神社、各区の青年舎などで、勉強する様になった。男の私達は志賀集落の奥の杉林で一時過ごし、潟の松林で机を持って行き学習をした。雨の時は神社の中で身うごき出来ない状態で、膝に本やノートを広げて行った。当時は食糧増産で農作業の手伝いが主であり、遊ぶ事など出来なかった。また勉強は二の次であった。

昭和二〇年戦争に負けた。学校も八月六日に空襲で焼けた。その前まで兵隊さんが駐留して寝泊まりをしていた。二学期からは焼跡の灰など持出し方で、勉強する所もなく、ほとんどしなかった。焼け残ったのは、奉安殿と二宮金次郎の石像のみで、奉安殿は、コンクリート造りで神社のような屋根をした玉垣が残った。それも軍国主義の遺物と扱われて取りこわされてしまった。今も残るのは石像のみになった。

翌年運動場にバラックの校舎が建てられて、ようやく勉強が始まったが、教科書の軍国的な部分は墨で塗りつぶし、道徳の本などは焼き捨てた。軍国主義から自由主義、良く解らないままに戦争はしないという事だけが強く考えに残った。物資のない時代で、教科書も不足し、級長が黒板に書いたものを写して学んだ。ノート、鉛筆も配給であった。

昭和二一年に学制改革で新制中学一年になり、バラック校舎から、新しい講堂を四分割された教室で、隣室から声の聞える教室であった。二三年に卒業をした。私達の年代の小学校時は勤労奉仕、農作業の手伝いで、勉強は出来なかったけれども、人間の尊厳を教えられた吉利小学校の時代であった。

◎仰げば尊し、我が師の恩……

「吉利尋常小学校」

堀（中江）哲　八二歳

往時茫々とは、今の私、八二歳のぼんやりとした思い出のことでありましょう。

一九歳で村を出てから六十有余年。たまの帰省で、小高い生家の庭から学校の広い校庭を眺めるとき、ほんわかと懐かしいものが甦ります。

あの校庭のあちこちに桜の咲くころ、昭和一五年四月、吉利尋常小学校へ入ったこと。翌年二年生で国民学校と名称が変わり、戦争が起こったこと。それから六年生の夏の終戦まで私の小学校時代は戦争の真最中でした。

最初のころは、紀元二千六百年記念やシンガポール陥落などで紅白の饅頭を貰いました。いつでしたか、村の上空に「赤トンボ」（練習機）の訪問飛行があり、航空兵が村の出身者というのでみんなで校庭で手を振りました。

五年生まで担任は女の先生方ばかり。お名前は覚えていますが、その間の事は……えゝと。神社の前では立ち止り敬礼する、皆で駅に出征兵士を見送る、「修身」という教科を学ぶ、そんなことが多かった気がします。それでも、運動会も学芸会もあり、戦争がだんだんひどくなっても規律正しい毎日でした。

終戦前後のころ、男の先生が担任になられ、われわれは最上級六年生として緊張し頑張りました。農家の手伝い、馬の餌の草刈り、桑の皮集め、校庭を耕し芋も植える。そんな勉強以外のことはいろいろと思い出します。戦争が間近に迫り、空襲の危険を避けて教室は村の中に避難しました。最初の避難先は、迫集落の竹藪の中、その後は潟の松林の中です。いわば村の小学校の分散化、ちょっと信じられない戦争中の出来事ですが、先生方があんな所を教室らしく準備されたのか、可笑しくも楽しい青空教室でした。雨の日はどうしたか、これまたさっぱり思い出しません。

敵グラマン戦闘機の空襲で機銃掃射が激しくなり、遂に校舎が焼けました。燃える校舎を前に、奉安殿から校長先生があわただしく天皇・皇后の「ご真影」や「教育勅語」の入った文箱をもちだされる姿を遠望しましたが、あれは夢の中の出来事のような気がします。

終戦日から半年後の翌二一年三月の卒業を控え、なんら中学受験の準備もできなかったことを憐れんで下さったのでしょう。先生方から受験のための補習をやって頂きました。混沌とした戦中・戦後を子供たちが乗り越えられるよう職務を全うされたのが、今ではよく分かります。私共は、尋常小、国民小、旧中、併設中、新制高と、六・三・三制の改革に遭遇しました。今も学校は変わりつつあります。どう変わろうと、師弟の絆は大切な思い出になります。卒業時の、あの「仰げば尊し我が師の恩……」の合唱では涙しました。惜別の涙ではなく、子供心に半年前の終戦時の強烈な体験からくる情感だったようです（そのころ花粉症の涙なんてありませんからね）。今でも私にとっては「仰げば尊し」は、ときどき口ずさむ吉利尋常小学校のいわば校歌です。

「……別るるのちにも　やよ忘るな……」と。

＊　＊　＊

◎終戦間際に東京から両親の故郷、吉利に疎開。そこには静かな自然の佇まいがあり、人々には素朴で優しい品の良さがあった。そして吉利小には素晴らしい教育が……。

「吉利小学校の思い出」

執印史恵（入鹿山衣子）　八一歳

昭和二〇年、東京から当時少国民と呼ばれた小学生は、集団疎開、縁故疎開といって、比較的空襲の少ない地方の山村に行くことになった。私共の国民学校は新潟の小千谷が疎開先。私と妹と弟の三人で参加の予定だったが、急に母が「皆一緒がいいわね」と縁故疎開を選択。終戦の年の七月、鹿児島は父母の故郷である吉利へと向かった。

吉利小学校の門をくぐると言うよりは、高い石段を上って行った。下の石段を一〇段ほど登った所に校庭があり、その校庭の先に三〇段ほどの石段があり、向かって右に奉安殿、左に二宮金次郎の像があり、左右に敬礼をし、目を上げると、新旧入り混じった校舎があった。その何となく品の良い佇まいは、その敷地が小松家のお仮屋跡だったと聞けば頷ける。

学校の建物は、まだ焼けていず、私が案内された教室の外壁はピンク色。近くに話に聞いていたブライアン氏の記念植樹のクスノキもあった。数日後、吉利国民学校も空襲の危険に遭う恐れもあるということで、学校の机や椅子を林の中に運び授業が一、二度行われただろうか？　日吉町郷土史によれば、八月六日に焼夷弾が投下され、校舎は灰燼と帰す。その時の怖かったことは今でも鮮明に覚えている。家が学校に近いので防空壕に入っていても、耳をつんざくようなパチパチという音がした。八月六日広島に原爆投下、八日にはソ連が参戦、九日長崎原爆投下、一五日終戦、と続く。今、思うと母が「一緒がいいわね」と言ったのは『死ぬときは』のフレーズが省いてあったのかもしれない。そして、あの戦時下、在京だった親戚も疎開し、女手一人で子ども四人を東京で、ぎりぎりになるまで守った母の健気さを思うと涙が出る。

一三、一四、一五日はちょうどお盆で空襲もなく、祖母はお盆の仕来たりに従って仏前のお供え物の準備をしていた。それは終戦の詔勅をラジオで聴く前の静けさ、嵐の前の静けさだった。その後、暫らくは、焼け跡整理、塩田作業など、授業はそれぞれ公共施設が利用された。私ども五年、六年の女子はお寺、暖かい時は廊下、寒くなってからは本堂。授業が始まって間もなく、先生が書道の道具を持ってくるように言われ、教科書に墨を塗る作業が行われたのだ。戦時下、対戦相手に対する誹謗表現に次々と墨を塗っていくのだ。それは、子供心にもショックな出来事だった。

お寺での授業で面白かったのは、何の仕切りもないので、六年生の授業が聞こえてくる。時には、今やっている五年生の授業内容より面白そうな話が聞こえてくる。若い日の井上聞多、後の井上馨の話など自分の授業そっちのけで聴いてしまったこともあった。お寺の教室は恵まれていた。広い庭で、縄跳びやゴム跳びに興じていた。

一一月三日、その頃はまだ明治節と言われ、その日には運動会が行われた。東京と違って村中参加型。祖母が納戸から引き出し付きのお重箱をだして、母や叔母たちはお弁当作りに余念がない。卵焼きを鹿児島では「こがやき」というのも叔母たちのやり取りの中で覚える。またその日は、朝早くから皆、座席の確保にござを持って出かけた。その当時は鹿児島でも一一月の三日の朝は寒く、小学校の前の小さな川から湯気のような煙が立ち昇っていた。「朝ぼらけ宇治の川霧絶え絶えにあらはれわたる瀬々のあじろぎ」などという歌を知ったのは、それから一年後のこと。でも、吉利の川で見た川霧は、私にとっては幻想の世界。後年、それが俳句の季語では「けあらし」というのを知り、吉利の川のは、けあらしの方が良いと思ったりしている。何故って吉利の川は宇治川のイメージとは違うからだ。

新学年になると運動場に仮校舎が建てられて新しい民主主義教育が始まり、授業で討論会のようなことをして、自分の意見を伝える教育が始まった。また、作業で田圃の草取りがあった。泥水の中に入るのは気持ち悪く、でも我慢して入り田圃の草取りをしていて、ふと脚を見ると真っ赤な血が流れ出している。もうびっくり、死ぬのかと思って狼狽えたり他愛もない話だ。田圃の中にはヒルがいてヒルに刺されると、そうなるなんて知らなかったのだ。

吉利での一年間の小学校の生活は、牧歌的と申しますか、今は昔、思い出は楽しい。学校以外では友達の家に集まって針供養をしたり、今盛んに言われている地域の人々との交わりの中での教育が自然に行われていた。吉利小学校時代の記憶を辿ると、そこには、素晴らしい教育があったと思う。その小学校が廃校になると聞いて、びっくり。少子化時代で仕方ないと片付けて良いものだろうか？　せめて休校にして、その間に色々な策が練られないものだろうか。例えば、吉利出身の都会在住の子弟との短期交換留学など、吉利の静かな自然の佇まい、住む人の素朴で優しい品のよさなど、都会に住む子どもたちにとっては素晴らしい心の栄養になると思う。

今、私は戦争ほど愚かな行為はないと思う。戦時中の思い出は悲しかったり、つらかったりであったが、父母など先祖が学んだ学校で学び、吉利の友人を身近に感じることが出来て良かったと思っている。小学校は小松家のお仮屋跡地で由緒ある場所であり、多くの人材をはぐくんできた場所である。さらに戦後、子どもたちに本当に平等な教育を受けさせることに尽力された入鹿山嵩氏に、当時の人々が敬意を表して建てられた碑もある。この場所を、教育の場として存続する方法を考えていただきたい、という思いで薄れた記憶を辿ってみた。

＊　＊　＊

◎戦時下から終戦までの吉利小学校の日常、その淡々とした記録。

「追想―すべては戦意高揚のために―」

鮫島尚武　八一歳

昭和一六年吉利国民学校一年生に入学した。高学年になるまでの生活は詳しく覚えてはいないが、食糧難のなか、まともに勉強した覚えはない。混乱と動揺のうちに六カ年が過ぎ去り、その間極めて厳しい生活を強いられた。

学校生活

学校生活は、登校して奉安殿に最敬礼をし二宮金次郎に一礼することではじまった。

軍事色の強い教科書
国語　ヘイタイサン　ススメ　ススメ
修身　日本　ヨイ国　強い国
音楽　アア　イサマシイ　ニホン　ノ　ハタハ
　など載っていた。
軍事教練なみの訓練
朝礼や合同訓練などは、初等科と高等科といっしょにしていた。
朝礼では、教育勅語の奉読、四方拝、学徒出征の励まし、講話などがあった。
訓練は、号令に従って鍛練。一糸乱れぬ行動が要求され業間体育では分列行進、手足が乱れると大声でどなられたりした。他にラジオ体操、鉄棒運動、はんとう棒（のぼり棒）などあった。

学校焼失
入学して九カ月後太平洋戦争に突入した。シンガポール陥落時にはゴムまりをもらいうれしかったことを思い出す。
戦局も押し迫り空襲警報が発令され、ロッキードやグラマンが頻繁に飛び交い、教室も志賀部落の杉林の中に移った。

忘れもしない昭和二〇年八月六日全校舎が焼失し、今も最後に講堂が焼けたのを鮮明に覚えている。その時、アメリカ副大統領ブライアン植樹のクスの木も焼けた（今は再生している）。

終戦後の状況

昭和二〇年八月一五日終戦。戦いからの解放感は少しはあったが、当時人々は何をどうしてよいか戸惑うばかりだった。

教科書は上級生から譲ってもらったり、新聞紙大を八っ折りにたたんだ教科書も、軍に関するものは墨で黒く塗りつぶして使用した。

ノートはザラ紙に書いたものを裏返し袋とじにして使ったり、鉛筆も短くなったものを手製の竹キャップにさして使用したりした。

教室も、杉林の中、役場の倉庫、議事堂、清浄寺など分散となった。バラック校舎ができ勉強も少しずつ軌道に乗りはじめていった。

保健衛生では、ほとんどが裸足、汚れた身体、ハエとりの週努力事項、女児髪へのＤＤＴ散布、回虫駆除剤〈マクリ〉の飲用。今考えるとぞっとするような劣悪な状態だった。

昭和二二年四月から新学制が発足し、国民学校が小学校として再出発した。

＊　＊　＊

◎子供にも大きな傷を残した戦争。しかし吉利に疎開できたことだけは良かった。多くの先人達の佳き人生の背景に、吉利小あり――。

「父祖の地に疎開して」

中江（入鹿山）博子　八〇歳

戦後七〇年、もうアメリカと戦ったことすら知らない若者もいると聞きます。子供だった私達にも大きな傷を残した戦争でしたが、一つだけプラスになったことがあります。それは疎開という形で父祖の地の生活を味わったことです。昭和二〇年の初夏、戦地に行っていた父を除いた一家五人、母と四人の兄弟で母方の祖母の家へ疎開をすることになりました。

落葉拾いがあると従弟から聞いて、「まァーきれいな葉っぱを探すのね」と楽しみにしていましたら、それは堆肥用の落葉を掻き集めることだったりしましたが、素晴らしい砂丘、砂浜、浜での村相撲、吉利銀座のにぎわい、童謡「村の鍛冶屋」の様な鍛冶屋さんが馬の蹄鉄を作っていたり、魚屋さんの店先で魚のすり身を作っていたりと、今でもその景色は鮮やかに蘇ります。

そうでした、その頃通っていた小学校がなくなると聞きました。不動のものだと思っていましたのに。あの頃は男組と女組の二組もありましたから、吉利もにぎわっていたのだと思います。運動会も盛大でした。朝早くから席取りをして、お弁当をこしらえて、我が家の中で一番えらい祖母までも観に来てくれました。私は東京の小学校では、ぴちっとした黒いブルマーをはいていましたので、吉利の皆さんの様な紺色の提灯ブルマーがほしくて仕方ありませんでした。そこで母にせがんで作ってもらいましたが、その頃は布地も思う様なものがなく、出来上がったのは男物の大島紬で作ったものでした。少し違うなァーと思いながらも私は嬉しくて、それをはいておりました。運動会が終わってから祖母や叔母達が「博子は直ぐに分かって良かったわ」と笑いながら話していたのもいい思い出です。

私はとうとう一度も入ることなく空襲で焼けてしまいましたが、講堂の思い出も母から聞いたことがあります。父もまた多くの先人達もそれぞれに良い思い出と共に育まれ、佳き人生を全うされた背景には、この小学校があったのかと思うことです。世の中の移ろいは思い掛けないことが多いものですが、はるか昔の頃の小学校の様子も思い描きながら複雑な気持ちと残念さを味わっております。

＊　＊　＊

◎終戦後、家族で吉利にやってきた。その時の吉利の驚くべき状況……。

「校舎がない　教室がない」

一氏敬子　八〇歳

昭和二〇年一一月末、父の郷里の吉利駅に降り立った。私達家族六人、はじめて見る父の郷里である。しばらく迎えを待っている間、みすぼらしい服装の小学校高学年らしい子ども達が通る。折りしも下校時であった。鞄より先に目に飛び込んできたのは、先の尖った長い棒や藁で編んだかご等、それぞれに持っている。何をするのだろう?

迎えに来てくれた従兄弟が言った。「あれは皆日本人の子ども。日本は戦争に負けたし、吉利も空襲にあった。皆貧しいんだ。物がないからね」と小学五年生にしてはしっかりしたお話だった。「ふうんそうなんだ」

二、三日していよいよ学校に行く。私は転校生だ。学校は空襲で焼けたそうで、教室がない。聞くところによると五年生女子はお寺だという。お寺に行った。驚いた。お寺の本堂が教室になっている。おまけに六年生女子もいっしょだった。広い畳の部屋を真中から二つに分け、六年生は右側、五年生は左側で、児童たちはお互いに背を向けるが先生方は対面していた。真中にしきりがあったかは定かでないが、私の記憶ではなかったような気がする。先生方は、さぞかし授業がやりづらかったであろうと、あとから思う。

休み時間は狭い庭でドッヂボールなどして遊んでいた。

何の振替授業かわからないがよく作業があった。印象に残っているものでは焼けた校舎の後片づけだ。はじめて焼け跡に立った時、索漠とした光景に身が竦んだ。一面瓦礫の山、または瓦礫の原だ。これを一個ずつモッコに積んだ。山ほど積んだところで、一カ所に集積するため、二人で運ぶ。私は初めての作業で要領がわからず困っていると、担任の北先生が一番上手な愛子さんと組ませてくださった。二人で前と後でモッコの柄を持ち、一二三と左右に振って反動で向こう方へ飛ばす。愛子さんは何でも上手な人みたい。大きなからだの愛子さんと私とはつりあいが取れず、愛子さんからおこられながらやっと投げこぼすタイミングがつかめたと思ったら、作業は終りだ。次の時は大丈夫。しかしこの作業はもうなかった。

ある時草取りがあった。志賀の奥へ奥へと行った所に畑があった。草取りが上手と先生からほめられる人がいた。私はへただった。

月日が進んで六年生になった頃、下の校庭に木造のバラック校舎が建った。木の香りのする新築での授業はうれしかったが、節穴からスースー風が通ってきた。長い木造校舎のはずれに音楽室があった。雨が吹き込んで窓を閉めるとまっ暗になった。放課後そこで、栄子さんに「・・・ちょいなちょいな」とか「・・・一銭なげて」等の手踊りを習った。

私の吉利小在校一年四カ月の楽しく、懐かしい、思い出である。

＊　＊　＊

◎小学校低学年の頃、戦争だった。でも当時はその意味もよく分からなかった。

「私の小学校時代」

下内學　七九歳

昭和一八年四月、吉利国民小学校に入学しました。校庭の横の桜の木は花をいっぱいつけていました。希望にみちあふれて将来は立派な人になろうと思っていました。しかし時代はだんだん戦争になって、戦時訓練といって先輩たちは訓練をしていました。私はまだ一年生だったので学校前の森護川でエビやメダカやウナギを取ったり、カエルをつかまえて遊びに夢中になっていました。

学校は森護川の橋を渡って学校の門があり、広い校庭を歩いて二十数段の石階段を登って右側に奉安殿という立派な社があり、左側には二宮金次郎の石像があり、毎日最敬礼をしてから教室へ行っていました。北側に教室があり南側に講堂があり東側に二階建の校舎があり上級生が使用していました。武士制度の時代、小松帯刀のお仮屋の跡で吉利村をおさめていた屋敷跡でした。

昭和一九年、日本が戦争で勝って南の島々を占領していき第二次世界大戦となり、ラジオの放送は毎日勝った事だけ放送していましたが、戦争が厳しくなり物資が不足してきて、金物（ナベやカマ）は必要品だけ残して供出しました（日本は資源がないので）。だんだん食糧も米を供出して配給制となり、切符で食糧や衣類なども制限されました。油が足りないといって松の木の皮をきざんでヤニを出して取ったり、畑には豆やアワやカライモを作り、学校の運動場もカライモ畑になりました。家では麦、アワのごはんでした。

学校から帰って来ておやつにカライモを食べて、親の田畑の仕事場に行ってお手伝いをしました。子供達の遊びはビー玉（ガラス玉）とベッタン（カルタ）の取り合いでした

昭和二〇年、南方の日本軍は米国に追いせめられて硫黄島が占領され沖縄決戦になり、いよいよ本土に来るとの事で、防衛隊といって陸軍の兵隊さんが吉利村にも来て、防空壕という穴をあちこちに掘って作りました。小学校は兵隊の宿舎となって屋根の上に毛布、布団などを干していて、それを見た米軍機が焼夷弾を落し校舎が全焼してしまいました。油の入ったドラム缶一本で小学校は全焼しました。私達児童は各地区の青年舎や森の広場で勉強していました。私は北区の青年舎でした。

昭和二〇年八月一五日、第二次世界大戦が終わりました。私は小学三年生でラジオ放送を聞き、その時は大人が泣いていましたが自分には解りませんでした。勉強が始まった時、まず学校の焼け跡から鉄くずを拾う仕事がありました。戦後のため金物や色々な物が不足している時代でした。しかし学校は、バラッ

ク屋根校舎を校庭の東側に村有林の杉材で建てました。そして学校も復興していきました。

小学校時代の楽しみは秋の運動会でした。走りは速くありませんでしたが、お昼のお弁当が年に一度の三段重ねのごちそうで、親兄妹親族一同でいっしょに食べました。また校門の前に出店が来て、子供達の好きな駄菓子やオモチャなど売って喜ばしてくれた想い出があります。

＊　＊　＊

◎とても愛着のある吉利小。その跡地が、魅力ある町づくりの拠点として甦ることを願う。

「母校よ、甦れ！」

田中（南）健一郎　七八歳

平成三〇年の春に母校がなくなる。卒業して何十年経っても、戦中戦後の六年間を学んだ母校への愛着は尽きない。昭和一九年春、吉利国民学校に入学したが、入学式で集合写真を撮った記憶はない。校内はすでに戦時色が濃くなっていたのかもしれぬ。まだ学芸会と運動会は盛大に行われ、時折、吉利駅に小旗を手にして出征兵士を見送りに行った。

翌年、村にも敵機の空襲がはじまった。八月六日の空襲は忘れることはできない。正午前、空襲警報と同時に激しい機銃掃射と焼夷弾の爆発音が聞こえた。防空壕から近くの小学校の方角に黒煙が高く上がるのが見える。学校に近づくと、校舎は全焼し、奉安殿がポツンと焼け残っていた。担任の中島先生は、「君たちの大事な定額貯金通帳を持ち出せずにすまなかった」と謝った。

まもなく終戦を迎えた。二学期は校舎がないので、農協や神社の建物を借りての授業となる。県外や外地から多くの転校生が集まり、全校生徒は六〇〇名を超えた。若い先生も戦地から戻り、教壇に立たれた。薄っぺらな教科書だったが、全員には配布されなくて、ノートに書き写した。制服と運動靴もしばらくクラスに二人分位しか支給されずに抽選となった。ほとんどの生徒が冬も裸足で登校した。

昭和二三年に学校給食がはじまり、郡内では一番先に実施されたと聞く。母も給食婦として働くことになり、米国の脱脂粉乳は貴重な栄養源となった。敗戦は村にも食糧不足と物不足をもたらしたが、私たちはひもじさにめげずに外で思い切り遊んだ。

吉利は吹上浜に面し、気候は温暖、教育に熱心でおおらかな土地柄である。学校は由緒あるお仮屋跡にあり、跡地の有効活用が欠かせない。次の世代が事業を創造して、母校を再び甦らせてほしい。たとえば一角には小松帯刀資料館、周りは子供たちの声が聞こえる広場、多くの人たちが学んで遊べる教育・文化施設にイベント会場と夢は広がる。この地が魅力ある町づくりの拠点になればと思う。次は平成二四年、毎日新聞に掲載された私の随筆。くれぐれも〝幻想の学校跡〟にはならないことを願っている。

『幻想の駅跡』

故郷の吉利駅跡を訪ねた。旧南薩鉄道は昭和五九年に廃線となったが、最近駅跡が整備され、憩いの場が誕生していた。駅は村の玄関口として数限りない歴史を刻んできた。列車を待つ乗客と送迎の人たちがあいさつを交わし、情報がもたらされ活気があった。

戦時中は幾多の将兵を見送り、戦後は戦地や外地から多くの引き揚げ者が降り立った。待合室では警察がヤミ米を摘発する光景も見かけた。残されたホームに立つと、黒煙を吐いた蒸気機関車が入ってきて、駅長が発車の合図を送る情景が浮かぶ。しばしの幻想を抱かせたひとときであった。

＊＊＊

◎戦中、戦後の、大変な時代を生きたが、吉利は、美しく、懐かしきふるさと。

「吉利小学校の廃校に思う」

鷲尾陸治　七八歳

昨年の暮れ、来年は幸せになる申年にしたいと思っていた矢先、同窓生の南さんから吉利小学校の廃校が決まった知らせを受けた。残念な思いと全国的に少子化が進む昨今、時の流れと受け止めているが、古い歴史と数多くの卒業生と著名人を輩出した学校だけに胸が痛む。

講堂の左側には二宮金次郎の銅像、後方には立派な奉安殿が建立し、上級生が毎日、国旗を奉納していた。私が国民学校に入学したのは昭和一九年四月の戦時中で、入学式は行われなかった。太平洋戦争も日ごとに激しさを増し、米軍の航空攻撃が吉利の上空にも飛来し機関銃掃射攻撃を繰り返していた。その都度、警戒警報のサイレンが鳴ると防空頭巾を覆って一目散に防空壕に入り、難を逃れた。

真夏の夜、米軍のＢ５２爆撃機の焼夷弾投下によって鹿児島市が真赤に燃える状態が、吉利の空からも見えた。数日後に全焼したことを知り、敗戦も近いことを悟った。そして数日後には小学校も敵の航空攻撃によって全滅、生徒達は後片づけに追われた。

昭和二〇年八月一五日、昭和天皇のお言葉でラジオを通して日本は戦争に敗れたことを知らされた。学校も下の運動場の青年学校に移り授業も再開された。一、二年生は男女共学で、男子生徒は担任の中島先生から丸坊主の頭を物差しの三角定規で叩かれ、コブが出来て治るのに数日かかった。あの時の痛さは今でも忘れない。そして三年生の時に今の校名となった。

低学年の冬は寒風が厳しく手足に赤切れが出来て痛く、鼻水をすすり霜柱を踏みつけて登校した。六年生の一〇月には桜島登山があり竹か木で杖を作り、助け合いながら頂上を目指した。頂上から見る景色はすばらしかった。五、六年生は宇田先生が担任で、色黒で背が高くいつも髪にはポマードを塗り、イケメンで優しい立派な先生で今でも忘れない。終戦後の世の中は、物不足と食料不足でから芋と吹上浜の地引網で獲れた魚で生活していた。学校でも落葉拾いをして、黒豚とニワトリを飼い糞を肥料として米を作り学校給食を補った。

吉利は薩摩半島の西側に位置し、吹上浜砂丘の美しさと北側串木野、南側野間半島を結ぶ内海で、久多島を正面に豊かな漁場で亀の産卵地として有名であった。特に夏の夕暮れ時、夕陽が海面に沈む美しさは格別であった。村では村相撲、六月の田植祭り、秋の大運動会で村民同志の絆を深めた。

戦後七〇年が過ぎて我が身を振り返ってみると、実にいろんな事をして来たと思う。生まれて卒業の六年生まで、そして今まで数多くの人との出会いが私の財産である。同窓生の満冨啓城さんのＣＤ「日吉ふるさと音頭」「浮雲」「せっぺ跳べ～空高く～」を聞くと、もう一度ふるさと吉利に帰ってみたくなる。新しく統合する学校の発展と、ふるさと吉利の永遠の繁栄を願わずにはいられない。

＊　＊　＊

◎廃校は今の世のならいでしょう。自分はいい時代に生まれたと思います。

「吉利小学校廃校に寄せて」

柳田（畠中）洋子　七八歳

終戦は国民学校二年生の時で、戦時中の下級生時代は、竹林の中で、もしくは青年舎で勉強した記憶があります。地面が斜めになった竹林では机も傾いて、鉛筆が消しゴムがコロコロころげ落ちて困ったことを、今でもしっかり覚えています。

終戦後は、色々な所からたくさんの引揚者が入って来てにぎやかでした。

中島先生と言う小ぶとりでメガネをかけた先生に、耳をひっぱられローカに立たされた事を覚えています。ＮＨＫ朝ドラの「あさが来た」の主人公アサさんと同じおてんば娘で、どうしようもない女の子だったのでしょう。

給食は家から主食のからいもを持って来て、学校では豚汁が出て、今日みたいに豊富な食べ物はなかったですが、そのお蔭で今も元気でいられると感謝しています。

吉利中学校では私達は第六回卒業生（一一七名）でした。高校に行かない同級生の多くは関西方面に就職していきました。私は今、福岡に住んでいますが、月に一度は必ずお墓参りに帰鹿して居ります。

吉利小学校の廃校は誠に残念ですが、これも世のならいなのでしょう。でも私はいい時代に生まれたと、嬉しく思う次第です。

＊　＊　＊

◎想い出を、文章としてはなかなか書けないので……

「吉利小学校時代の想い出～四葉の集合写真～」

上熊須英雄　七八歳

昭和18年の夏。当時の保育園です。
吉利のお寺の境内。約100名の園児。
農繁期だけの保育園だったと思います。
私は昭和13年生まれで、当時５歳でした。

昭和23年12月。小学校４年生の写真。
吉利小学校正門（下庭の南側）で。
４年生全員で91名。左側の先生は「小田先生」。
右側の先生は「向原（ムコハラ）先生」。
向原先生は啓城さんの母上の妹と聞きました。

小学校入学は、昭和二〇年四月でした。夏休み前の頃ですが、突然空襲警報のサイレンが鳴りだして、皆驚いて自宅へ走って帰ったことを思い出しました。

昭和25年10月。６年生の修学旅行。
桜島登山時、登山口の海岸での写真です。
全員で79名。藁草履履きです。
登山・下山時の苦労は忘れました。

昭和26年３月。６年生卒業時の写真。
い組、43名です。
担任は佐田先生でしたが、
どの方だったかは分かりません。
別にろ組の写真もあると思います。

大寺聡イラスト集〈1〉

大寺氏は、17年前に東京から永吉（吉利の隣）に移住してきたイラストレーター。本書のプロデューサー満冨啓城とは地域活動の仲間であり（年齢はずいぶん違いますが）、今回の本づくりには進んで協力してくださいました。

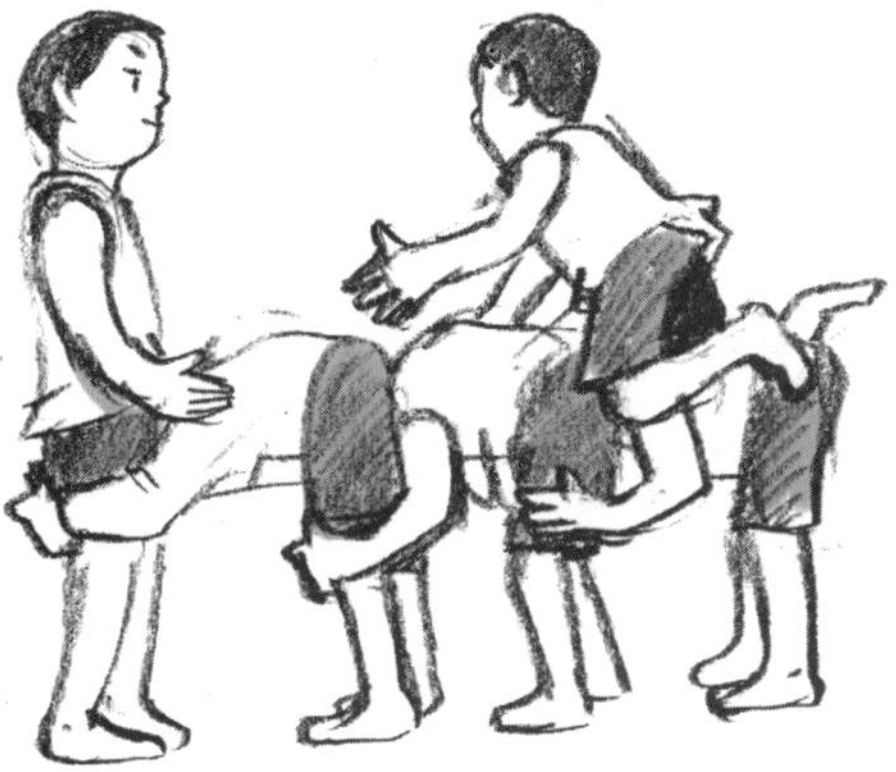

第二章

卒業生作文集　その二

78歳〜71歳

◎とても苦しい時代、しかし、人々の心は温かく、吹く風はやさしかった。
心のふる里、吉利小の廃校、忍び難し。

「私の幼少期」

涌井（徳永）ノリコ　七八歳

昨年は、戦後七〇年の節目の年を迎えた。戦中戦後、戦火の中を、父母と共に暮らした。幼い日々、世の中は食糧不足、物資も乏しい中、人々は和気あいあいと、思いやる豊かな心の雰囲気で過ごしていた。七歳の祝い年を迎え、七草粥をありあわせで祝ってもらった。楽しみにしていた国民学校入学式、やっと整えてもらった洋服で、母に手を引かれて校門をくぐった。初めての友と手をつなぎ、語らいもないままに、空襲警報発令、先生の指示で、皆一斉に、逃げた。

父母は空爆音をぬって、森林の作業、勤労奉仕、半ば、野菜作りと、休むことなくせっせと働いていた。私も学校から帰ると夕方は、井戸水を水槽に、なみなみと汲み、お風呂の準備と、お手伝いの毎日だった。遊びもない、テレビ、ラジオもない、ノート鉛筆消しゴム無し、無いのあたりまえの時世。字は外で、土の上で書いた。まちがってもすぐ消せる。そこには風がやさしく吹いてくれた。夕方になる。早く、お手伝いだ。ある日、母の手作りのかっぱやき（ホットケーキのようなもの）を見つけ、そっと食べた。おいしかった。今でもなつかしく思い出される。

毎日が戦争の声の中、学校も空襲で丸焼け。焼夷弾が直撃した。父はその時、学校へ、火の海へと、ピアノの運び出しに出動していたと、後で聞かされた。何と勇気者だったんだろうと思った。命はとりとめた。母は防空壕に飛びこみ、私は父を捜して上の畑へ。その時、グラマン戦闘機が、ゆうゆうと私のそばを、低空飛行で西の空へと飛んで行った。初めて飛行機をそばで見て、こわさとびっくりで、立ちすくんだ七歳の自分を思い出す。あの時、操縦士と目と目が合った。あのやさしそうな兵隊さんの向かった空では、焼夷弾が直撃して、大人の方が亡くなられた。東の空はまっかで、爆撃の煙のにおいで息苦しかった。早く戦争終わってほしいと思った。

勉強は近くの竹林の中で、机もイスもなし。立ったままで、皆、静かに女の先生に教わった。時々上空を見ると青い空。まわりの竹林はザワザワと音を立て、こわい中にもなぐさめてくれた。やがて物資の配給が開始され、部落ごとに並んで、自分の前で終わり、残念だった。

悲惨な戦争に明け暮れた年月も、終戦を迎え、大人も子供達も毎日勤労奉仕。空爆の音がないだけよかった。校名も吉利小となり、義務教育。給食も始まり、コッペパン、牛乳。卵等は各自持ちより、皆、よろこんで食べた。教育者入鹿山先生のおかげと、母に教わった。

長い歴史のわが母校。やがて廃校のお知らせいただき、先代からの幾多の卒業生皆、それぞれに忍び難いものがあるでしょう。

心のふる里は、吉利小、中、にあり。

感謝、感謝で、私のつたない気持をお届けいたします。

＊　＊　＊

◎相撲稽古、白砂の海、灯籠づくり、綱づくり、松林、満月のお月さま……。

「夏」

川窪慶郎　七八歳

てっていよいよい　てっていよいよい
今夜は十五夜じゃ　月の出る前に……

農協を見おろす白砂の丘の上に立って友達と一緒に大声で叫んでいた。

夏休みに入ると相撲の土俵を造り、六尺フンドシを締めシコを踏んで先輩にぶつかり稽古に励んだ。倒されても投げとばされても我も我もと向かっていった。

稽古が終わるとそのまま松林を駆け抜け、足の裏に暑さを感じながら海に飛び込んで体についた砂を洗い落した。

波が打ち寄せカニが這いナンゲ（貝）が立ち沖には久多島が浮び遠くにコシキ島の陰影が見えた。さんさんとふりそそぐ太陽の下で泳ぎ貝を取り時には地曳き網を引かせてもらい、真黒になっていった。

お盆には灯籠を作り鬼丸神社や南方神社に飾り亡き先祖に思いをはせた。

お盆が終わると大八車を曳いて農家を回りワラを貰った。また山に行き太くて長いカズラを探し切り出しそれを小川につけて置き、後日皮をはぎ芯を丸太で叩いて軟らかくした。

相撲の稽古は相撲大会の前日まで続く。稽古の後カズラを大きな松の木の枝に掛け、ワラで三ツ編みに結んだ網をカズラに三本巻き付け、そのワラ網にみんなでぐるぐる回りながらヨリを入れ、同時にカズラの周りを走り回って巻き付ける。目を回しながら舞った。

太さが一抱え長さ二〇メートル位の綱引き用の〝ツナ〟が出来た。

相撲大会の当日、たくさんの人々がゴザやムシロと料理を持って集まり土俵の周りに陣取って家族・知人が「浜出ばい」をする中、子供から青年団のお兄さんの取り組みが行われ勝敗に一喜一憂した。力士のシコ名をもらい、塩を撒き、行司の軍配に従い相撲を取った。

日が暮れると東の山並に大きな満月が昇り大きなタキ火の明りの中で綱引きが集落対抗で行われ、大人も子供も全員で引き合い、〇〇の勝ち‼と名のりを受けて楽しんだ。

天空に満月のお月さまが松の枝々を通してふりそそぎ皆を照らし、おごそかな雰囲気をかもし出していた。

良かった、良かった……皆の喜ぶ様子に満足感をもらって長い夏が終わる。

お兄さん達への信頼と、友達との友情に守られた古里〝吉利〟でした。

〝白浜を駆けた青春　友と共に〟

＊　＊　＊

◎平成二八年に廃校となった同じ吉利地区の扇尾小学校。

吉利小のみなさんとは吉利中学校の同窓生。

「扇尾小学校の思い出」

久木野（上之浜）フミ　七八歳

私は、電気もない赤木野で生まれ育ちました。小学校までは歩いて一時間くらい掛かり、田平部落に出るまでは、細い一本道。そこを二年生までは一人で通い、心細い思いをしていました。三年生になった時からは、一年生に入学して来た弟と二人になったので、仲良く通ったものです。

小学校の思い出と言えば、一年生の夏、終戦を迎え、何も分からないままラジオから流れて来た玉音を聴いたことです。その頃は食べる物もなく、から芋や大根の葉等を食べていました。遊びと言えば、缶けりやかくれんぼ、陣取り等をしていました。

運動会や学芸会も楽しい思い出の一つです。運動会のお弁当は、決まって卵焼きとみな（巻貝）の煮付けで、前の日田んぼにみなを取りに行ったものです。年に一回のご馳走でその美味しかった母の味は、今でも覚えています。また四年生の運動会の時は、家族リレーがありました。両親と私と弟の四人でチームを作り出場しました。私が一走三位で二走の弟にバトンを渡しました。弟も三位のまま三走の母につないだのですが、何と母が二人抜き、一位でアンカーの父にバトンを渡し、父がそのままゴール！　鉛筆や日用品等たくさんの賞品を貰って帰ったことを、昨日のことのように覚えています。

六年生になると霧島に修学旅行に行きました。夜枕投げをしたり、大騒ぎをして、先生に「もう寝らんか！」と言われましたが、みんなで遅い時間までヒソヒソ話に花が咲きました。今から六七年前の話です。

故郷を離れ六〇年以上経ちますが、自然豊かな扇尾小学校でたくさん学び、たくさん遊んだことは、何十年経っても鮮明に私の胸に焼き付いています。故郷を忘れたことはありません。同級生の皆様が今でもあたたかく迎えて下さることがとても有り難いです。扇尾小学校の卒業生であることを誇りに、残りの人生を心豊かに穏やかに過ごしたいと思います。

＊　＊　＊

◎たくさんの吉利のお友だち、みんな本当にありがとう。

「第二のふるさと吉利」

城戸（中村）恵　七八歳

父が吉利の農協に御世話になっていた関係で、私が吉利小学校に御世話になったのは、小学四年の時でした。

出水郡の長島で育った私は、島を出たのが初めてだったので、見るもの、聞くもの、すべてがめずらしく、六十余年を経た今でも、その頃のことがはっきりと心に残っています。

終戦間もない物資不足の頃でした。四年ろ組の教室は舎と呼ばれていました（共学舎）。和気あいあいとしていて、転入生の私が、今のようないじめにあうこともなく、皆に仲良くしてもらったと記憶しています。当時、たまに、あき時間ができて、柿元先生が「何しようかねー」とおっしゃると、きまって啓城君が「野球、野球、野球！」といって外に飛び出していったものでした。窪勝之君も同調していたように思います。その頃野球がはやりはじめて、めずらしかったのでしょうか。学校から帰ると、さこ屋のみどりちゃんとよく遊びました。大富正裕君も時々いっしょだったと思います。

住居は、駅の近くの農協の倉庫で、電気も風呂もなく、石油ランプで夜は明かりをとり、ランプのほやをみがくのが、私の毎日のつとめでした。お風呂は、内野あいじさん（俊子ちゃんの家）のところでお世話になり、本当にとても親切にしていただきました。昼間は、俊子ちゃん、製材所の安っこちゃん、たみちゃんとよく遊びました。縄屋の妙ちゃん、エミ子姉さんがみまもってくださいました。

高校の時、角川久子さんが、私の教室の廊下まで、名のりをあげて逢いにきて下さって、とても懐しく思ったことを覚えています。また徳永のり子さん、田原桂子さん、松村顕一君ともお会いする機会がありました。大学では、内村桂子さんとクラブ活動がいっしょで、小学校の頃のことを思いおこすことでした。

何年前になるでしょうか、姪が吉利小勤務になったのを機会に何かの縁しを感じ、妹と吉利を訪れました。昔とは、ずいぶん変わっていました。仲良しだったみどりちゃんに会えなかったのが一番寂しかったけど、よしえ姉さんとは会うことができました。啓城君の事務所で雑談中「南君は田中に姓が変った」と言っていました。ふと高校の同窓会でもそんな人がいた……と思ったら同一人物でした。彼とは高校で同じクラスだったらしく、運動会の時、私のすぐうしろで踊っている写真があとでみつかりました。

北区の大きな溜池に田螺をとりに行ったり、松の木の下にしゅろを探しに行ったり、貝掘りに行ったり、駐在所のとなりのおばさんに大きなぐみの実をもらったり、私にとって、吉利は第二のふるさとと呼ばせてもらいたいくらい、過去の思い出の中に大きな大きなパートを占めています。吉利、そして吉利の皆さん、本当に、本当に有難うございました。

＊　＊　＊

◎今も生々しく残る草刈鎌で切った傷跡。しかしそれが、優しかった上級生を思い出させてくれる。

「伸びやかな小学時代」

満冨啓城　七八歳

小学生時代よく遊び、よく学び……はなかったなァ〜。その代わり家の手伝いはよくやった。学校では休み時間の野球が楽しかった。ボールは手作り、バットは竹棒である。子供の世界にはいたずらや暴れん坊はいたが、みんな心根は優しかった。

その時代、農家の子供たちは農作業の貴重な労働力であった。どこの農家にも必ず牛馬がいて、世話係は子供たちの大切な役割である。我が家には馬がいた。馬の後ろから「もっと左に行け、ホラ、今度は右だ」と声を掛けながら馬を動かし厩舎の清掃をやる。馬が綺麗な敷き藁にくつろぐ様子はいつまでも眺めていたかった。

草刈は勿論子供の役割。毎日、下校時に草刈仲間と草刈に行く場所を決める。おやつをほおばりながら鎌を砥石で入念に研ぐ。研ぎ終わると刃を親指の爪にかけてみる。先端まで鋭く研がれておれば鎌の刃が爪から滑り落ちることはない。そこまで研ぐと髭をも剃れるほどの仕上がりになる。鎌の刃を切れ味鋭く研ぐ術は日常生活の中でどの子も身につけていた。だから筆入れの中のナイフもよく研がれていた。

土手や畦の草は多くの子供たちの草刈でゆったり伸びる余裕はない。このため人が足を踏み込まない場所での草刈にならざるを得ない。足元の悪い地形や障害物に悪戦苦闘しながらの草刈になる。お互いの競争心もあって草刈中に体のバランスが崩れてよく手を切った。今も三カ所ほどにある傷跡が当時を偲ばせてくれる。

草刈時にこうしたアクシデントが起きると必ず年上の子供たちが走り寄って来て、必死に面倒を見てくれた。傷はヨモギを汁が出るほど揉んで傷口に当て、柔らかいカヤを包帯がわりに巻いて草刈は続くのである。八〇歳を間近にした今でも生々しい傷跡が残る。傷跡はその時の痛みや上級生たちの思いやりを鮮明に呼び起こしてくれる。

もう一つ、上級生の温かい思いやりを思い起こす。それは小学校二年生の学芸会で独唱をすることになった時のことである。舞台袖で出番を待つ私の上着の右ポケットがほころびていて、それに気づいた幕引き係の上級生がポケットの垂れ下がった部分を内側に折り曲げてくれたのである。嬉しくて緊張もほぐれたことが忘れられない。曲の歌詞は「♪ぎんぎんぎらぎら夕日が沈む……♪」と記憶していたので、今回インターネットで調べたら「夕日」という曲名だった。

この初ステージが歌好きになったきっかけであり、あの伸びやかな子供時代が今の日々の肥やしになっているのではなかろうか。

＊　＊　＊

◎六年生の時、たった一年間なのに思い出がいっぱい。本当にいい学校、いい村だった。

「思い出の詰まった吉利小学校」

増田昇　七八歳

平成三〇年に吉利小学校が廃校になると聞いて驚いている。吉利小学校は明治以降、多くの卒業生を送り出してきた。私は六年生のときに隣村の日置小学校から転校してきたが、担任は元気のいい満尾先生だった。登校時は夏は裸足だったが、冬はもう全員運動靴を履けるようになった。吉利では学校給食があり、給食当番も初めて経験したが、給食にはパンと脱脂粉乳が出たのでうれしくなり、毎日、給食が待ち遠しかった。

初夏になると、田植え休みになり、田植えやカライモの草取りの加勢をした。五月は家庭訪問の時期でもあった。自宅に先生を迎えて、先生と両親が話すのを横で聞いていた。学校から帰ると、両親は田畑にいるというメモが置いてあり、家では牛を飼っていたので、餌用の草刈りをよくしたものだ。夕方、疲れた体を五右衛門風呂につかり、その日の出来事を父親とよく話した。

夏休みには友達と吹上浜で体が真っ黒になるまで海水浴をした。時折、潮干狩りをしたり、地引き網がはじまると、すぐ駆けつけて網を引いた。網にたくさんの魚が入っていると、分け前をもらえるので、喜び勇んで家に持ち帰った。

秋には修学旅行があった。一日目は桜島登山だったが、頂上から吹上浜と吉利の山々を一望できて、最高の気分になった。翌日は鹿児島市内の観光で天保山のＮＨＫ放送局を見学した。当時はラジオ放送だったが、技術員の方が道具を使って、効果音を聞かせてくれた。風は風車をまわし、波は網目状の箱に小豆を入れて傾けると、風や波の音が出るので、こんな仕掛けになっていたのかと感心した

昭和二五年の春に卒業した。一年間通った小学校だったが、大事な思い出の詰まった吉利小学校は生涯、忘れることはできない。吉利という自然に恵まれた良い環境の中で思い切り学んで、遊べたのは、恩

師、友人、両親のお蔭だと感謝している。今、関西に住んでいるが、鹿児島で開かれる同窓会には必ず出席している。今度帰郷した時にはぜひもう一度、母校を訪ねてみたい。

＊　＊　＊

◎みなさまが良き人生を送られますよう、願っています。

「扇尾小学校の思い出は……」

岩井田（庵下）フサ子　七八歳

七十数年も前のことですので、何もない時です。

テレビ、ケイタイもないし、かんけり、竹馬、鉄棒遊びでした。

鉄棒でよく前まわり、後まわりなどして、だけど今は、あぶないと言って、そんな遊びしないでしょうね。

トイレもこわいところで、よくよごされていましたね。手洗いも丸い水タンクのまわりに蛇口がついて、そこで手を洗って水をのむ。

そんな時代、男子と女子とけんかして、女子は一日山学校（※）した事もありました。六時間目の体育の時間に、男子に見つかって、田んぼにむかえにきてもらって、それからは男女仲良くなりましたね。

みんな学校を卒業して、就職していくと思います。そうして社会人になって、いろんな人に会うことになると思います。

みな同じ人間ですので、何十年経っても仲良くして、良き人生を送ってください。

毎日をまっすぐ、後悔のない人生を送ってください。何十年経っても良き人生だったと思えるように生きてください。

みなさまが後悔のない人生を送られますよう、願っています。

※山学校……学校に行かずに山の中で遊ぶこと。

＊　＊　＊

◎小松帯刀、山下弥七郎、入鹿山嵩……、
誇らしい人々がいて、由緒ある吉利の名を、永遠に残したい。

「名門、吉利小学校」

白鶴（山下）麗子　七七歳

篤姫のドラマが放映されていた年、福岡のＮＨＫホールで歴史研究家で知られた鹿児島大学教授、原口泉先生の講演を聞く機会に恵まれ、吉利を知る上で貴重なものとなった。氏は幕末から明治へと変動の時期、なくてはならない重要な人物であり、また平清盛の直系の位の高い家柄であったことなど、話はもっぱら小松帯刀についてのみと言っても過言ではないほど、その活躍の数々を語られた。原口先生に最大の敬意を表したい。

次なる吉利の人物は、アメリカの副大統領が再会を果たさんが為に、明治時代に吉利を訪れたという山下弥七郎である。ブライアン家でお世話になった山下弥七郎が、勉強以外の時、如何にブライアン家の為につくしたか想像に余りある。そしてブライアン氏の希望で日本とアメリカの友好を記念して、二股に分かれた楠を植樹された。この時吉利小児童の輝いた瞳に歓迎され、とても喜ばれたそうである。その記念樹が立派に成長し、吉利小学校を現在に至るまで見守ってくれている。その姿は正しくアメリカと日本の友好発生の地として日本中に発信して知らしめるに価すると思う。

前置きが長くなってしまったが、このような名門校に小学二年の春、台湾から引き揚げ転入した。だが校舎は戦災に焼かれバラック校舎。ノートはザラ紙。しかし給食が早くから始まり温かいミルクが飲めるのがうれしかった。そのうち講堂建設の気運があり、その資金造りの一端をになう為、少女チューリップ舞踏団が結成され、日置郡のあちこちの小学校まわりをしたものだ。講堂は完成したものの、まもなく多くの部屋に仕切られて教室化し、すしずめの教室となった。休み時間はお手玉、おはじき、ビー玉、メンコなど、外では陣とりゲーム、なわとび、ゴムとび等、クラス全体で遊び結構楽しい思い出となっている。きつい思い出は何と言っても修学旅行の桜島登山。七合目頃から二歩上がれば一歩下がる溶岩路。やっとたどりついた頂上の眺めは広大なものばかりで、すりばちも延々とつづく大きさだった。下山はどのように歩いたか覚えていないが、翌日の足の痛さは今でも忘れることができない。

卒業しては早や六五年。だいたい五年おき位に同窓会をしているが、会うとついこの前の事と同じように思い出され、夜がふけるのも気付かないくらい話に夢中になってしまうのである。

吉利村としては当時の村長、入鹿山嵩先生が戦後の復興と村の士気を高めようと吉利村歌を作詩され、立派な村歌が作られ歌われていました。また、復興は人づくりにありと、そのひとつとして書道の大家石堂先生を鹿児島からお招きして、小、中、青年部とそれぞれ土曜日の午後、書道教室が開かれていて、現在大はやりの塾が戦後まもない頃から始められていたことを思うと、やはり先見の明ありの村だったんだなあ。

このような由緒ある吉利の名を永遠に残す為の跡地利用を、全国規模で考えてほしいことを最後に切望する次第である。

◎きっと敵兵は薄ら笑いを浮かべながら、焼夷弾を落としたに違いない。そのために我々は……。

＊　＊　＊

「校舎なき小学校への入学」

松澤廣海　七七歳

その時、わたしは向江部落の小高い小道にいた。金岡散髪から少し入った小高い丘だ。不気味な音とともに、このところよく見るＢ２９に比べてずいぶん小ぶりな敵機が現れ、ゆっくり飛びながらやけに低空飛行をして、一発だけいつもと違う弾を落として悠々と飛び去るのを見た。

この弾こそ、校舎を焼き尽くす焼夷弾だったのだ。

また、この戦闘機はグラマンと呼ばれる小型戦闘機であることを後で知った。

わたしのいた位置からは直接には見えなかったが、その弾の下に吉利小学校があったのだ。校舎には大きく墨で波が描かれており、この波のために飛んでいる飛行機からは建物と見えないのだと聞かされていた。それだけに火の手が上がった時はびっくりした。その墨で描かれた波の模様がどれほどの保護効果があったのかは、今となっては知る由もない。

かくして、あんなにも入学の日を待ち焦がれたわが国民学校が跡形もなく灰塵となってしまった。

今思うと、敗戦濃厚な日本上空にはいかにゆっくり敵機が飛行しようとも、それを打ち落とす兵器もなければ兵力もないと操縦桿を握る敵兵は見くびっていたのかもしれない。満面に薄ら笑いをして操縦桿を握る若い敵兵士の顔を今想像する。

ましてや田舎のことだけに、その飛行機を操る兵士がどこからも攻撃される恐れもない、安心してのゲーム感覚での仕業と思えてならない。

このゲームの代償が当時の小学生、われわれちびっこにこれからどれほど辛い思いをさせることになるとは、まったく敵兵には思い及ばなかったことだろうと思う。

その後始まったわが学校は、各学年、各学級、離れ離れに教室を持つことになった。

わが教室は、志賀部落の宮原輝雄君の家のそばにある畑の中だった。畑といっても耕すゆとりもない毎日であっただけに、ちっちゃな一年生の膝に比べるとはるかに高く草が生い茂り、その草むらの中では音を立てて蚊が飛び回っている。

親に絣の着物を利用して作ってもらった半ズボンを着た子供に蚊が集まる、集まる。

ちびっこらは先生の話どころではない。血だらけになるほど、かきむしることに専念していた。

その後、おとずれた極度の栄養失調もあって、この血だらけの足は出来物（おでき）で埋め尽くされ、ほとんどの人が冬になっても、それどころか一年たっても二年たっても膿（うみ）で苦しめられた。

その後、寒さがやって来るようになると、わが教室はしばらく農協の二階を借りて、蚊のいない、雨が降っても濡れない部屋の中に移された。

このとき屋根のある建物のありがたさが良く判った。

＊　＊　＊

◎吹上浜で、母への感謝を叫ぶ。

「ぼくのふるさとよしとし」

山里繁　七六歳

古里のなまりなつかし吉利小学校。大変だったことばかり思い出されます。

アメリカ軍の飛行機が飛んできては爆弾を落していく。田んぼは枯れてしまう。毎日防空壕へ命がけのカケッコだった。もうダメかダメかと必死の思いで走った。終戦から七〇年経つが、戦争は絶対に反対だ。これからも平和でありたい。

それから吉利というとせっぺ跳べ、吹上浜、鬼丸神社、二宮金次郎を思い出す。田植え踊りのせっぺ跳べは終戦後の暗い気持ちを打ち晴らす最高の催しで、思いきり一人一人が楽しく踊った。吹上浜には毎日毎日行って、遠い遠い海へ向かって自分の夢と希望を思い切り叫んだ。一番大きく叫んだのは母への感謝でした。父は僕が二歳の時亡くなり、五人の子供を朝から晩まで働いて育ててくれた。

吉利小学校入学は昭和二二年。夢も希望もない新入生だった。カバンもなく制服もなくクツもなく、もちろんクツ下もなくハダシで入学式に参加した。講堂の前に二宮金次郎の銅像があり勉強する勇気をもらう。

当時の先生方は本当に厳しかった。ちょっと横でも向いたらチョークが飛んでくる。何回も何回も飛んできた。子供たちを思う気持ちに、今感謝しています。先生方、本当に有難うございました。吉利小学校、万歳、万歳。

小学校の校舎を残して例えば道の駅にして、学校の名も残していきたいと思う。

◎川の水が飲めるほど、きれいな川でいつも遊んでいた。うなぎ取りにも夢中になった。吉利に生まれ、戦中から戦後の厳しい時代を楽しく過ごせたことに感謝。

「戦争の記憶と森護川」

満冨郁郎　七六歳

昭和一九年から二〇年頃、私がまだ吉利小学校へ入学する前の話です。私の家は吉利駅前だったので、戦地へ出征する兵士を家族や近所の人たちが見送るのを何度も見かけました。駅前では関係者が激励し、兵士のあいさつが終わると万歳をします。列車が着くと、すでにたくさんの出征兵士が乗っており、私も一緒に日の丸の小旗をちぎれるように振り、歓呼の声をあげて、見送りました。

空襲も頻繁になりました。尾上部落の下り坂の左側に横穴の防空壕が二カ所ありました。空襲警報のサイレンが鳴って、防空壕に逃げる途中で米軍機が飛んできました。あわてて近くのからいも畑に這って身を隠しました。後日、防空壕は我が家の敷地にも掘られました。八月初旬、母方の実家にいるときに敵機が飛来したので、鶏小屋に隠れ、通り過ぎたのですぐ外へ飛び出して見たら、爆弾を二、三個落とすのが見えました。それが小学校を全焼させた空襲だったと後で知りました。

田植えの頃だったと思います。小園部落の今中さん宅下の田んぼの土手に座っていたら、前方に火を噴いて東方から西方の吹上浜の海上へ飛んでいく飛行機を目撃しました。

昭和二二年に吉利小学校に入学しました。学校の帰りには、よく下の森護川で遊んだものです。当時の森護川の土手は自然そのもので、川底には砂がいっぱいあり、きれいな川でした。校門の下で川の水を飲んだ後、友達二人と手拭いを広げて川の土手下に川魚を追い込みます。ダンパえびやメダカなどをたくさん取って遊んで帰りました。また、うなぎ取りにも夢中になりました。かつて南薩鉄道が走っていた鉄橋の下辺りが仕掛けの場所でした。竹筒の中に田んぼで取ったタニシの餌を入れます。竹の蓋をして夕方、川の土手の下に竹筒が浮かないよう、重石を乗せて仕掛けます。一晩置いて翌朝、登校前に竹筒を取り出しますが、そのときは興奮しました。うなぎが入っていると、すぐ父に料理してもらい、美味しい夕食のおかずになりました。ある日、竹筒が浮いており、喜んで蓋を開けたら、蛇が出てきたので、飛び退きました。

吉利小学校が閉校になると聞いて、驚いています。真っ先にふるさと・吉利での思い出が蘇ってきました。子供の頃に体験した戦時中の怖かった空襲、そして入学後に友達と夢中になって遊んだ森護川、吹上浜での水浴びなど懐かしい思い出がいっぱいです。今は東京に移り住んで長くなりましたが、あの自然豊かな吉利の風景はいつまでも私の心に焼きついています。吉利に生まれ、戦時中から戦後の厳しい時代を楽しく過ごせたことに感謝しています。吉利の村で育ち、吉利小学校で学んだことを誇りにして、これからも生きていきたいと思います。

◎自然そのものの里山集落には、賑やかに人々の声が響きわたっていた。
今も耳に残る懐かしいみんなの声……。

「小さな歳月のこと」

鳩野克子　七三歳

ウトンひろちゃん、坂上ンみってるさん、さっちゃん、としはるちゃん、満冨のやっちゃん、たかちゃん、妙見のりょうちゃん、たっどん、まーみっちゃん、西のみっちゃん、保ちゃん、バンタヤンひさおさん、しいちゃん、やっこちゃん、原口のアブチャン、ハトノンのぶこさん、政子ちゃん、カッコ、しげはるちゃん、のりぼん、かずおさん、マガイドンのまーちゃん、まりちゃん、省ちゃん、カンノカワドンのえみちゃん、やっちゃん、あっこちゃん、シテツッのつとむくん、まもるくん、寺前みのるさん、寺前ドンの清美ちゃん――。みーんな仲良くしたり、時に喧嘩をしたりしていました。

それは昭和二〇年代中頃のことです。

白井月部落は（当時はそう呼んでいました）、一本道で雑木林の斜面を背に、前は田圃で、春は木々の若葉や山桜が美しく、秋には椢や楓が紅葉する自然そのものの里山集落です。上（かみ）から下（しも）まで二十数軒あり、子供会の子達は三〇名余りいました。その子達の下にまだ年下の子達が沢山いて、とても賑やかな日常がありました。

その頃、校区では部落単位の子供会がとても盛んで、子供会活動のコンクールもありました。そして、日曜日の朝は、子供達は必ず掃木（はわき。ほうきのこと）を持って集合。上（かみ）から下（しも）まで道掃除をし、道には綺麗な掃き目がありました（その頃は地道でした）。子供達は、家の手伝い、小さい子達の子守などもとてもよくしていました。

当時は、「ハレ」と「ケ」がはっきりしていた気がします。

春の浜デバイ。手作りの弁当を持って、潟の松林を抜け、砂浜を波打ち際まで走りました。

秋は、オンゴト池の縁堤に大人達は土俵を作り、十五夜ン相撲や綱引き。夫々に弁当を作り、大人（おせ）も子供（こどん）も賑わいました。

オンゴト池の縁堤は、平生は子達の格好の遊び場で、木の葉やゴザでよくすべり、ズボンやパンツのお尻を青くして、キャッキャと言い乍ら、何度も何度もすべりました。遊び疲れて家路につくとお尻を見た親にひどく叱（が）られました。

アッチでおじさんがコッチでおばさんが大声で子達を叱（が）っている声や、子達はシレーッとして奇声をあげて走りまわっている様子が目に浮かびます。

夕方になると何処の家からも「○△ちゃーん、戻らんかー！」と祖父母、親達の呼ぶ声がして、決して騒々しくはなく、のびのびとした活気のある賑やかな日々でした。

今は民家も六軒余り。子達も居なくなり、一〇名足らずの集落になりました。時に一本道を散歩していると、隣の久男さんや静ちゃん、哲ドン、しげはるちゃんのはしゃぐ声が聞こえて、でも振り返るとそんな事はなく、空を仰いでまた、歩き出します。

＊＊＊

◎あの時代が、今の私をつくってくれた。それは生活の貧しさを感じることなく、豊かな自然の中で一生懸命生きた時代だった。

「今の原点は吉利小時代」

荒木（荒木）多賀子　七二歳

二、三人で手を廻してやっとの大きな松の木が二〇本以上もあった並松（ナランマツ）。いつの間にか松食い虫で一本もない。

南の果ての小園部落の為、小学校まで三～四〇分。県道の途中から「お寺馬場（テランババ）」を隙間のない感じでゾロゾロ埋めつくす通学ラッシュ。小さい時は、遅れない様小走りで必死に歩く、歩く。

学校から帰ると幼くても南区の人は田畑仕事に精出し一家を手伝った。池原（イケンハイ）の畑は社交の場（現在は焼酎の朝掘り甘藷の地で有名）。姉も私も「今日は○○の畑にいる」との書き置きに夕方暗くなるまで手伝った。

今思うと貧しい生活だったのに、それも感じる事なく、豊かな自然の中で一生懸命生きていた。暖かい季節は、「ハヨデレー」「ハヨデレー」のホラ貝の合図で地引き網に！　今住んでいる千葉県の九十九里では観光の地引き網を、当時は毎日の様にやり、食事の糧に。今思えば新鮮な魚をなんと贅沢なことだったのかと。

そんな事こんな事の生活の中、学校はとても楽しい所。一、二年生の時は、私達の学年だけが本校舎とは離れた崖の上に「い・ろ・は」の三組あり、遊ぶ庭も狭く他の学年との接触もなかった様な……。日々の学校の生活はすっかり忘れてしまったが、特別な行事の事は脳裏にやきついている。

メイン行事の学芸会。「一休さん」をはじめ「舌切り雀」「かぐや姫」「いなばの白うさぎ」。遊戯、合唱、器楽合奏、等々。ご指導くださった先生方は、物不足の時代色々の工夫に大変だったろうと思う事です。

恒例の一一月三日の運動会。霜柱の時もあり、はだしの足には痛く感じた。区対抗リレーでは応援も熱が入る。運動会は例年、緑色鉢巻の南区が優勝だったと思う。田畑で足腰を鍛え、地引き網の砂浜で走りこんでいたせいでしょう。どの行事も皆の応援はすごかった。運動会も忙しい中ごちそうをいなって

（※）持って来て、土手から滑り落ちそうな沢山の人、人。本当に活気を感じた。

四年生の高学年になると他校との交流で、郡の音楽会、年始めの日置小と永吉小との「席書会」があり、練習が放課後よくあった。またラジオの歌番組に「吉利小」が出る事になり、五、六曲練習に励み鹿児島の放送局まで録音とりに行き、放送の日は必死に聴いた。

鉄棒の足掛け回り、ドッヂボール、大きな縄跳びを、休み時間は夢中に遊んだ。

一年生から給食も頂き、皆に守られ、いい先生方にも恵まれ、感謝しかありません。小学一、二年の担任切口先生が毎年お一人で永吉から千葉へ（千葉の我家の近くに娘様がお住まい）。八八歳の先生のお元気さにまたまた触発されている現在。

吉利小学校の形は無くなっても、遠くにいても、決して「吉利小」の事は、心の中から消えません。今の自分を造っているのは、あの時代だからです。

※いなって……天秤棒の両端に吊した木の枝の鉤に、重箱をぶら下げてかつぐこと。
天秤棒のことは「イネカッ」と呼んだ。ニナイカギ（担い鉤）が訛ったもの。

＊　＊　＊

◎一日の終りを告げる鐘の音。ピカピカの床の図書室。学校帰りの楽しい道々。春の日の麦畑……。かすんだ絵巻物のように蘇る日々。とても良い時代――。

「私の小学時代」

池本（満冨）弘乃　七二歳

一年生の時の授業参観日のことである。国語の教科書に出ていた話を「妹や弟に話してあげた人は手を挙げてください」という先生の質問に、私は迷いながら、みんなのあとからそっと手をあげた。とたん、私は皆の前で話さねばならないはめになったことがある。嘘がばれた事と、元来、人前で話をすることが大の苦手であった事とで、私は大変困惑し、うそを見抜いた先生に心から敬服したものだ。

私が小学時代を通じて、授業中の出来事で覚えているのはこの事だけであり、六年間を順にたどって思い起こしてみても、脳裡に浮ぶことは、勉強や学校以外のことである。

しかも、どのことも余りはっきりと心に焼きつくものはなく、それはただ一巻のかすんだ絵巻物だったように思え、なつかしさだけがしみ出てくるものだ。

中学校の校庭を横切り階段を登ると、校庭のすみの高い土手の上に、二宮尊徳の石像が立っていた。その土手を、ボールを追いかけていた上級生が、勢いあまってころげ落ちたことがあった。

正面が玄関でそこには鐘がぶらさがっており、一日の授業の終わりをつげる鐘の音は、いつも私の心に、快く響いたものだ。西側の奥にある図書室は、私が上級生になってから出来たものと思う。新しいピカピカの床が気持よく、そこに出入りするだけで、なんだか偉くなるような気がして好きだった。

本はよく読んだ。私の家は南区の端の方だったので、三〇分位かかる学校帰りの道々は、とても楽しい所だった。もっとも、給食に使うための薪や野菜を持っていく日や、寒い日などはうらめしい道だったかも知れないが……。

友達と自作の即興の物語を交代で話すこともあり、途中、草のにおいにむせる土手で、鬼ごっこに興じ、時間を忘れることもあった。

ポカポカと暖かい春の日の麦畑は、今も残っているだろうか？

コンクリートべいの中で学んだ子供達は、小学時代の何を懐しんでいるのだろう。私はとてもよい時代に、小学時代を送ったと確信している。

＊　＊　＊

◎吉利小学校そのものが、そして六年間の数限りない思い出が、私の心の支えとなっていた。廃校後は、私たちの心のよりどころとなるような学校跡地に整備して欲しい。

「懐かしい思い出」

立宅辰男　七一歳

小学校の統廃合により吉利小学校が廃校となる……。私にとっては歴史にかおる吉利小が、ひとつの心の支えとなっていました。

吉利から学校が無くなる……。一抹の寂しさを覚えると同時に、存続出来なかったのかと残念に思います。

心の支えは、校歌に出てくるそのものの小学校であり、もうひとつは六年間の学び舎での数限りない思い出です。目を閉じると瞼に浮かんでくる恩師の姿や、やんちゃだった友の姿。タイムスリップでも出来ればな、と懐かしい思い出に浸りますが、主には休み時間のことを思い出します。

当時全校児童は五〇〇から六〇〇名くらいで、校庭が狭く場所取りを立てて遊び場を確保したものでした。ブライアンの楠を背に馬乗りをし、三角ベースボールや陣取り、丸い円を書いて小さい瓦を投げ入れケンケンで行うケンケンパなど、子供なりに狭い校庭を広く使い遊んでいました。

また家庭科室と理科室の二階に図書室があり、伝記や「風の又三郎」や「鐘の鳴る丘」などの本を読み、読書にも没頭しました。図書室の隣には資料庫があり、小松帯刀の鎧などが保管されていて、昔の話を聞かされ面影を偲んだものでした。

夏休みと冬休みに豚当番があり、豚舎の掃除や、カライモを砕いて窯で煮て餌を作り豚に与え、大きくなるのが楽しみでした。

夜に学校の講堂で剣道の練習があり、ロウソク明かりの行灯を持ち、一方の手には竹刀ならぬ竹を二本持って練習に通い、冬の練習は大変寒く冷たかったのを覚えています。

二年生の頃と思いますが、当時の昼食は弁当持参で、カライモが弁当でした。カライモを三個、新聞紙に包み元気よく学校へ。ところが学校に着いた時は、なぜか二個に。これが常であったのを覚えています。

学校に給食室が建ち、パン焼きの厨房が入り、コッペパンと脱脂粉乳のミルク、そうざいと、県下でも早い学校給食が始まり（入鹿山嵩さんの尽力のお蔭であると聞きました）、アルミコップに入った脱脂粉乳のミルクは、プーッと吹くと薄い膜がとれるのがひとつの楽しみでした。

学校での生活は、正面玄関の釣鐘のカンカンと甲高い音色で授業が始まりそして終わります。その鐘をたたく用務員のおじさんの姿が思い出されます。いつしかベルに変更され釣鐘の音色は聞こえなくなりましたが、あの鐘の音をもう一度聞きたい思いです。

学校が統合され、学校跡地がどの様になるのか分からないけれども、跡地は私たちの学び舎での思い出の場所だし、訪ねる場所でもあると思う。ぜひ心のよりどころとなるような学校跡地に整備して欲しい。そしてまた吉利が昔の様な賑わう地域となるように願いたい。

＊　＊　＊

◎作文の賞状が、一人で十枚ほどにもなった。その国語の授業が評判となって、鹿児島大学で模範授業までやることに……。

「模範授業教室」

大野（山ノ内）マリ子　七一歳

流れる川。緑多き山々。白い砂丘。二宮金次郎の銅像。古里は、遠きにありて思うものだと言うが、七〇歳を過ぎた私にも、そんな光景が浮かんで、懐かしさがこみ上げる。

さて、小学時代の思い出と聞かれても、私の頭の中では、すこぶる漠然としていて、固有名詞が明確には、思い出せない。しかし、唯一、覚えているのは、五、六年生の時の、樋園先生による国語の授業だ。

樋園先生は、新聞社勤務を経て、夢を持って教師になったという経歴の持ち主だった。情熱に溢れ、正義感が強く、転校生をいじめる学童がいると、容赦なく、本気で怒った。その先生が、一番、力を注いだのが、「作文」だった。余りの熱心さに、辟易した学童もいた様だが、放課後、コンクールに出す作文の修正をしたりして、私は結構楽しかったと覚えている。

その甲斐あって、私達のクラスからは、「全国作文コンクール」「交通安全作文コンクール」等の入賞者が続出し、私、個人だけでも、賞状が、十枚程にも及ぶほどであった。

やがて、それは県で評判となり、国語の授業を見学に来る教育者も多く、ついには、鹿児島大学教育学部の教室（?）を借りて、模範授業をやる事にまでなった。

今でいう、「グループワーク」の授業であろうか。四～五名ずつのグループに分かれ、与えられた課題について、意見を出し合い、代表者が発表する、という具合である。今でこそ、普通の事かも知れないが、当時は、画期的な事だったのだと思う。その時使った目覚し時計を、今もなお、鮮明に覚えている。

田舎の学校の一教室が、多くの教育者の見学する中で、授業を行えたのは、他ならぬ先生のおかげだったが、先生は、常に「国語能力の高いクラスだったからこそ、出来たのだ」と、私達を誉めてくれたのだった。

あれから、時が流れ、吉利小学校は廃校になる程、学童が減ったという。かえすがえすも、残念でならないが、私の心の中には、いつも懐かしい光景が、生き続けている。

あの授業で使い、今も愛用する、岩波の国語辞典と共に――。

大寺聡イラスト集〈2〉

第三章

卒業生作文集　その三

70歳～35歳

◎柱に縛りつけられ、チョークを投げられ、ビンタを食らい、立たされた。そんな楽しい！六年間。ユニークな教師とやんちゃ坊主たちの、抱腹絶倒のエピソード！

「吉利小学校の思い出」

辻隆郎　七〇歳

一年生の入学前面接で、他人に足を踏まれたらどうしますかと問われ、じっと我慢すると答えたらしい。燐家のＩ君は、俺は踏んで返すと言ったらしい。親どうしの会話で知った。一年生の時から学校給食があったが、大豆とワカメの煮たおかずがキライだった（今でもキライだが）。食べずにボイコットして校庭で遊んでいた所、先生の言うことを聞かない子は許しません、ということで教室の柱に縛りつけられてしまった。恐ろしくなり不覚にも涙が出た。数年前お会いした先生もこの件を覚えておられた。

二年生のＭ先生は授業中に騒ぐとチョークをよく投げられた。三年生のＫ先生のビンタは強烈だった。前の授業をよく覚えていないとクラス全員立たされビンタを喰らった。他の生徒がビンタで倒れるのがおかしくて笑うと、またビンタを喰らわされた。学徒動員で富山の飛行機工場にいたとのことだった。

この頃、女子や長髪の男子はシラミとりのＤＤＴをふりかけられ、白い煙を頭からふりまきながら教室に走って戻っていた。五年生、六年生になると学校飼育の豚当番があった。交換した敷ワラと排泄物を肥桶に入れ、学校の上の小学校の畑の畝に流す。肥桶を二人で担ぐ時、リズムをあわせないとビチャビチャと跳ねて困った。授業中、豚がキーキー騒ぐとあれはキントリ（去勢）だと噂しあった。

五年生、六年生の担任のO先生は焼酎が大好きで、チョクチョク二日酔いの赤ら顔で「皆さん、今日一時間目は自習にします。皆さん寝なさい」ということがよくあった。朝から寝られる訳がなく、K君がIさんに輪ゴムで紙ツブテをとばした所、Iさんが大声で抗議したので教壇で突っ伏していたO先生は安眠を妨げられて怒った。「誰ね、イタズラしたのは。またミチヤス君ネ」「僕はチガウよ。どこに証拠があるかネ」。瞬間的にO先生は跳ね起き、ほぼ同時にK君も逃げ出し先生とのチキンレースとなった。机を挟んで右、左。廊下へ飛び出て一目散。つき当りの図書室のドアから走り込み奥の窓を開けてとび降り、約二〇〇メートル先の県道まで二人とも駆け抜けて行った。教室の外へ二人が出てからクラス全員が一斉に追いかけた。結果どうなったかは記憶にない。

六年生の時、給食後の昼休みは教室清掃の時間、クラス全員サボって学校下のもりご川に糸うなぎとりに行き、全員校長室に立たされた。私とO君は参加していなかった。

この他、サツマイモのイモアメづくりを皆でやったことは印象深かった。二〜三日がかりでイモを煮て、先生達が手配してくれた麦芽を入れ、ひたすら煮て漉しまた煮つめると、ただの濁り水だったものが急にネバリ出し、イモアメ・水アメができた。ビックリした。

楽しい六年間でした。思い出すと一人でニヤリとしてしまう。

◎吉利の大地にしっかり根を下ろし、この上なく幸せな牛飼い人生を送ってきた。すでに五〇年が経ち、今も生き甲斐を感じながら、さらに前に進んでいく——。

「両親の手伝いに明け暮れた小学時代」

鳩野哲盛　六八歳

昭和二七年三月、吉利小に入学。戦後まもなくようやく復興に手がついた頃、食料難に苦しみ物資も乏しい時代でしたが、それぞれの家庭の匂いをぷんぷんさせながら学校に通っていました。

我々の学級は、終戦の年に生まれたため上下のクラスより極端に児童数がすくなく、六〇人そこそこでした。下のクラスはいわゆる団塊の世代で一〇〇人を超す人数で賑やかでしたし、全校で六〇〇人くらいの規模になっていました。また中学校も下校庭にあり、運動場は小中兼用、講堂も小中兼用として利用していました。

二宮尊徳の薪を背にしながら本を読んでいる姿を見て、寸暇を惜しんで勉強しろというそんな時代でしたが、学校から帰ると「タンコ畑におるから、から芋を食べてエンドウ豆をちぎりにきなさい」とか「後ろの畑におるから、から芋の草取りにきなさい」といった書き置きが、玄関の上がり口に半切れの紙に書いておいてありました。今にしてみ見れば母親の子供に対する姿勢だったのかもしれませんが、遊びたいざかりの自分らにとってはきつい仕置きとしか思えないものでした。

そんな中、牛の草刈りは、自分らに与えられた唯一の大事な仕事で、朝は学校に行く前に露のあるうちに草を切ると早くかごいっぱいになるからと勧められ、また夕方は、学校から帰ると友達と連れ立ってガラメテゴを背に草刈りに行き、まわりが薄暗くなるまで、木から木に渡り合ったり、ターザンの真似をしたりして遊んで、肝心の草は申し訳程度にプカプカ浮かして帰ったものでした。

子供も一家庭に五～六人は普通でしたので、周りにはいつも遊び相手はいましたが、それぞれが農家で人手不足、農繁期はつねに田や畑に引っ張り出されていました。しかし食糧難の時代、育ち盛りの子供らはいつも腹を空かして春には野イチゴ、秋にはウンベ、そして台風の後にはどこの柿が、あそこの梨が落ちていることを知り、誰よりも早く拾いに行くものでした。

そんな私がある日両親の手伝いで、和牛（生産牛）を引いて堆肥を降ろしてから、近くの土手の木に結ぼうと牛に背を向けたところ、突然牛が頭を下げ両角ではさむようにして、私を持ち上げてしまいました。そして牛は今度は私を放り投げると、また頭を下げて襲ってきました。驚いた私は大声で父を呼び、なんとか助けてもらった苦い経験があります。きっと牛の方も小さい私にハラグレ（からかい）をしかけたのでしょう。

幼い日にそんな恐怖をおぼえた私が、まさか牛飼いになろうとは夢にも思いませんでした。高校卒業時、国家公務員の試験に受かっていたのにあえて牛飼いの道を選んだことを、牛飼い歴すでに五〇年の今本当に悔やんではいません。吉利の大地にどっしりと根を下ろし、そして自分の一〇倍もある乳牛を相手に思う存分汗をかいてこられたことは、この上もない幸せです。

これから先、もっと人口は少なくなっていくでしょうが、残された私たちが、いま生きていることに生き甲斐を感じて前に進んでいくことこそ、一番大事なことではないでしょうか。小学校も統合され私の孫も吉利小の卒業生ではなくなりますが、それでもこれからの吉利を担っていく一人になって欲しいです。

＊　＊　＊

◎給食の歌や、運動会の応援歌が懐かしい。そして学校のシンボルである校歌も、歌われず聞かれなくなってしまう……。廃校とはそういうこと。

「心のふるさと吉利小学校」

山下（満冨）啓子　六六歳

元旦の朝は、母の手縫いの新しい洋服を着て学校の年賀式に参加した。ＰＴＡ会長さん（熊谷親美）の挨拶の「おめでとうございます」の「す」が「し」になっており、皆で真似たのを覚えている。心躍るそれはそれは楽しみな年の始まりであった。

思い出を辿っていくと、県下でもいち早く始まった学校給食の楽しみはひとしおであった。一年生の時、六年生が配膳してくれるのを座って待つその時間の待ち遠しかったこと、早く早くと心の中で叫んでいた。「いただきますと口揃え、箸持つ顔もにこにこと、美味しいきれいな給食を、みんな一緒に食べましょう」の歌もそこそこに食べたことが、懐かしく思い出される。子ども達が家から持ち寄った野菜がおかずになった。かさなった野菜での献立づくりも大変だったろうと、係の方々の苦労が偲ばれる。

廃校になれば当然、二度と歌われなくなる校歌。当時の柳田校長先生が「にこにこ学ぶ吉利校」が「吉利小」に聞こえると、それは厳しく注意されたことがあった。学校のシンボルである校歌が、どんなに大事かということだったに違いない。その校歌も歌えないし聞かれない、廃校とはそういう事だ。

勉強の思い出というと、学期末に行われるテストの成績の良い人は朝礼の時、前にでて賞状をもらった。いつも名前を呼ばれる近所のお姉さんが誇らしく嬉しかった。先生方の教育熱心さが窺える。（自分も一回くらい名前を呼ばれたこと、あったかなあー、記憶にない）

さて、いよいよ、学校行事の一大イベント大運動会は、区対抗で行われ、同区に住む先生の熱の入れようは大変なものだった。「いつも南区が勝ーち勝ーち勝ち勝ち」と声を張り上げて歌った。応援歌の中に「われらが力、六〇〇人、奮え奮えー我が選手」とあったが、当時の賑やかな声がこだまとなって聞こえて来るようだ。

たくさんの思い出を本当に有難う。
吉利小学校はずっとずっと心のふるさと。

大空に
木蓮の香の
応援歌

＊　＊　＊

◎楽しかった子供時代の思い出、吉利小学校は、私たちの心の中に永久に残るだろう。
また、郷土芸能の太鼓踊りや田植え踊りは，目に見える形としてずっと残していきたい。

「吉利小学校の思い出」

北長一　六六歳

私が吉利小学校に通っていたのは、昭和三一年四月から昭和三七年三月までの六年間です。小学校時代の思い出として、すぐに思い出すのは寒い冬の朝の朝礼です。当時は今のように靴もなく、ほとんどの人が裸足で通学していました。校庭には霜柱が立ちとても寒かったことを覚えています。高学年になってやっとゴム草履をはいて通学したのを思い出します。南区の自宅からお寺ん馬場を通っての通学でした。道路も今のような舗装道路ではなく、砂利道でした。車が時折通ると、晴れの日はほこりが舞い、雨の日は泥水を飛ばされ、通学も大変でした。でも晴れの日は通学路の畑の土手で遊んだり、友達の家に寄り道して、片道二キロの道を何時間もかけて帰ったのも楽しい思い出です。

また、小学一年生の時太鼓踊りで小太鼓を踊ったことも、約六〇年過ぎた現在でも鮮明に覚えています。鐘打ちが今中春雄さん、満冨圭一さん、小太鼓が私と満冨健祐さん、南清之さん、そして唐見としちゃん。私が一番年少でしたので、出来るだろうかとても心配でした。当時の地域の長老の方や先輩方が丁寧にまた親切に教えて下さり、無事に踊ることができました。当時の担任の福原先生が「北君は太鼓踊りを踊るそうだね。皆の前で踊ってごらん」と言われクラス全員の前で踊ったこともありました。現在太鼓踊りは北区、中区、南区の持ち回りで開催されていますが、田植え踊りと共に今後も継承していかなければならない素晴らしい郷土芸能だと思います。

楽しい思い出は運動会、学芸会、遠足等沢山あります。小学校六年の時の修学旅行は霧島への一泊二日の旅行でしたが、丁度台風が来て二日目は早々に帰路につきました。当時は南薩線も全盛の時代でしたが、定期列車に間に合わず、南薩鉄道にお願いして蒸気機関車で帰りました。これもまた楽しい思い出の一つです。

そんな楽しい思い出で一杯の吉利小学校もあと二年で廃校となります。でも私たち吉利小学校の卒業生の心の中には、きっと楽しかった子供時代の思い出の場として、永久に残っていくことと思います。

さようなら吉利小学校！　ありがとう吉利小学校！

＊　＊　＊

◎脳裏を駆け巡る、さまざまな思い出の場面。
廃校前にもう一度、母校に足を運んでみたくなる。

「小学時代の思い出」

辻義教　六六歳

私が吉利小学校を卒業してから、五四年が経過しているようです。その小学校が平成三〇年度に廃校になると聞き、驚きと同時にこれも時代の流れで致し方ないことなのかと複雑な想いです。

学年を追って六年間を振り返ってみると、色々な思い出が脳裏を駆け巡ります。

一年生の時の担任は、福原アサ先生でした。黒板の左上の壁には手作りの五十音のかな文字表が貼ってありました。それぞれの文字は小さな紙で隠されており、習った文字の上の紙を、竹の棒で上手に剥いでいらっしゃいました。紙で隠された表の中から、一発で探し当てられる技にびっくりしたものです。

二年生の時の担任は中島行雄先生でした。板書の文字が上手な先生で、休み時間は先生の机の周りに寄り集まり楽しく遊んでいました。

三年生の時の担任は能勢美穂子先生でした。放課後、掛け算九九の「なった順」のテストがあったことを、何故か鮮明に覚えています。三年修了と同時に、確か遠くへお嫁に行かれたように記憶しています。

四年生の時の担任は船橋敬子先生でした。同級の女の子の洋服を竹の棒で巻きつけて、先生に叱られたことをよく覚えています。また、先生は吉利のご出身だったので、自宅に遊びに行ったこともありました。

五、六年生の時の担任は一氏彰憲先生でした。色白で足の速い先生でしたが、ある時足を骨折され、松葉杖をつきながら体育の授業をされたことを、鮮明に覚えています。また、習字の練習にも力を入れ、先生自身も時間を見つけては練習に励んでいらっしゃった姿が今でも目に浮かびます。

その他にも幾つかの思い出があります。

校舎の北側には山羊小屋があり、餌になる木の葉を家から持って行ったこと。「鬼ごっこ」の遊びでは、校舎や講堂の床下に隠れ、見つかったら土埃を立てながら逃げ回り、校庭に出たら足の速い友達にいつも捕まっていたこと。また、教室前の庭で「でこぼこ」遊びをしたり、狭い裏庭でゴム鞠を手で打つ「野球」をして遊んだこと。図書室には、鍵の掛かったケースの中にテレビが設置され、先生に視聴をせがんだ事など、枚挙にいとまがありません。

私が通っていた当時の校舎はもう残っていませんが，懐かしい思い出や風景は、一生私の記憶に残るだろうと思います。廃校になる前にもう一度学校に足を運び、二宮金次郎像の前で往時を偲んでみたいと思います。

＊　＊　＊

◎吉利小が、地域コミュニティーの核として、そして卒業生一同の「記憶遺産」として、残存することを願う。

「ああ無念　吉利小学校」

下内幸一　六六歳

あれは確か今年（平成二七年）の四月の頃ではなかったか？　文部省「学校統廃合基準見直し」に関し

て、毎日新聞が特集を組んでおり、その中で志水阪大教授が「小学校はいくら児童が少なくなっても現状維持すべきである。そして小学校を地域コミュニティーの核とすべき」と述べておられ、自分も同感、アピールとして新聞のコピーを日置市役所に送付した記憶がある。それから、わずか半年後に、同級生の北君から吉利小廃校に関して原稿依頼があるとは夢にも思わず、しばらく無念、無力感が続いた。実家に帰って情報収集すると在校生のPTAが、積極的反対もなく、市当局の思惑通りになったと知り、さもありなんの心境であった。

さて現実に戻ってこの原稿を書いているのであるが、思い起こせば約六〇年前の出来事が走馬燈のように思い出される。その当時、多分、児童数は約四〇〇人程在籍していたと思う。校舎正面前での全体朝礼があり、裸足で立ち霜柱を踏んで我慢した記憶もある。正面右側は校長室、左側に職員室があり、時々職員室の廊下に立たされた事もあった。二階建て校舎のうち、一、二年生は一階、三、四年生は二階を使っていたと思う。そして五、六年生は少し離れて、音楽室の隣にあった。その教室前の狭い校庭で、三角ベースのゴム玉野球を休み時間にし、時にはドッジボールもした。

その校庭の片隅に男女一〇名程使用できる大きなトイレがあり、そこには大きなクスノキがあったと思う。その樹こそが、一九〇五年に吉利小に訪れたアメリカのブライアン副大統領が植えた木だと後で知った。

私的なことで申し訳ないが、一年の担任は有村先生、二年は船橋先生（一氏先生と結婚）、三年は山ノ内先生、四年は福留先生、そして五、六年は持ち上がりで下甑町先生であった。残念ながら下甑町先生は亡くなられたが、五、六年の別の学級担任が一氏先生であり、何故か縁あって年賀状のやりとりが続いている。

旧中学校の校庭より約三〇段程の石段を登った場所に「二宮金次郎の立像」が現在も変わらず、おもむろに立っている。

閑話休題。「垂水千本イチョウ」を見に行った時、入口に「世間自然遺産」の看板があり、立てた人のユーモアとペーソスを感じたが、是非廃校になった吉利小の建物にペーソスを感じるようにしたいものだ。

今から三年後には、児童の歓声は聞こえなくなるが、ここは志水教授が述べられた、学校を地域コミュニティーの核と位置づけて、地域住民のみならず、卒業生一同の記憶遺産として絶対に残していくべきだと思う。

卒業生が吉利に帰郷した時、「ああ吉利小残存せり」の感嘆の声が、児童の声に代わって響くようにしたいと願っています。

＊　＊　＊

◎体育賞を受賞したあの日の感動、少年の気持ちを忘れない。

「跳び箱と体育賞」

津守良一　六五歳

中学校に続いての廃校の現実は時代の流れとは言え、誠に残念です。

私は五年生の頃から跳び箱の虜になっていました。当時、学校がマット運動と共に跳び箱の普及に努めたせいもありましたが、昼休みには砂場の近くで大勢の仲間と楽しんだものです。勿論体育の授業でも先生の熱意は大変なものがありましたので、殆どの人が上手く跳べるまでになっていました。希にエキサイトして踏み板を跳び箱からかなり離して跳ぶようになり、スリルを味わいながらも不思議と怖くなかった事を覚えています。しかし時にはバランスを崩して落下し、泣きべそをかいた時もありました。

六年生の時、日吉町内の各小学校の人達を招待した研究発表会が、あの懐かしい講堂であり、みんながマット運動と跳び箱の演技を披露し、高度な技を次々と決めてくれて会場の人達を唸らせました。担任の先生も鼻高々だったと聞いております。

そして私は、卒業前に六年各クラス男女一人ずつに贈られる体育賞の候補に上がり、女子はすんなり決定したものの、男子は決戦投票までもつれ、何と何と伏兵の自分が選ばれたのです。嬉しかったのは言うまでもありませんが、この受賞はこれまで身長が小さいという長年のコンプレックスから解放された日でもあり、何か自信がついた日でもありました。

以来、あの時の感動、少年の気持ちを忘れずに、六五歳になった今もお蔭さまで元気にいろんなスポーツを楽しませて貰っています。吉利小学校の思い出を胸にこれからも残された人生を頑張りたいと思います。

＊　＊　＊

◎運動会、雪合戦、パンにハチミツの給食のおいしさ、講堂での映写会、そして学校の歴史への誇らしさ……、すべてが懐かしい。

「吉利小の思い出」

四元（山里）民子　六五歳

平成三〇年度に廃校になると聞いて残念ですが、時代の流れでは仕方ないです。

殿様のお仮屋跡とかクスノキの由来の話を耳にすると、子供心にわけもわからないながら、誇らしい気持ちになるものでした。

私も卒業して早五四年になりました。その頃は戦後のベビーブーム時代で児童数は多く、運動会ともなると南区、中区、北区と分かれ、随分応援が弾んだものです。時計の下に張り出される点数に一喜一憂したものです。私は足が遅く成績に貢献できないのが残念でしたが。

また冬になると、今より寒さがきつかったような気がします。雪が積もると朝からわくわくして、先生の「今から雪合戦」の声を今か今かと待っていて、声と同時に校庭に走り出したものでした。

いつもお腹を空かしていたので、給食がとても楽しみでした。給食と言えば、父兄の方で養蜂をしていらっしゃる方からの差し入れがあり、その時期になるとはちみつが給食で出され、それをパンにつけて食べたおいしさは、今でも忘れません。

テレビのない時代、学校での映写会がとても楽しみでした。講堂の黒いカーテンが閉められ暗くなると、今から始まるとワクワク感も絶頂になり、時間を忘れて見ていると、ハッと気がつき映写機のテープの残量が少なくなっており、もう終わりかと悲しくなるものでした。

全てがなつかしく思い出されます。

幾多の卒業生の一人一人の人生の基礎をつくってくれた小学校は廃校になってもみんなの心の中で生き続けていくことでしょう。

◎吉利小学校は、大切な古里。かつてそこには、明日を指差す女の子の像があった。

「明日を信じて」

柿迫（下野）和子　六四歳

「カレー味のマカロニサラダ」「鯨肉の竜田揚げ」、私の母校、吉利小学校と言えば学校給食を思い出す。――昭和四九年、学校百周年の記念誌にも、同じ事を書いていたのを忘れていた。

私と吉利小学校は、とても深い繋がりがある。ＰＴＡ会長だった父（源兵衛）が亡くなり、学校葬として講堂で行われたのは、私が三歳の時。その後、学校給食が始まると、母子家庭だった我が家の母が、給食婦として働き始めた。学校給食がまだ珍しい頃で、県下でも話題を呼ぶ位であったと聞く。六人の子供の母子家庭。当時の私にとって、学校給食は御馳走だった。周りの皆も、同じ様な境遇だったと思っている。健康な現在の私を育ててくれたのは、母校、吉利小学校の給食かも知れない、きっとそうだ。

還暦を過ぎた今の私には、学校の正門を入って直ぐ、右手のブライアンの樹、その下に明日を指差す女の子と、男の子の、希望の碑が見えている。女の子は、卒業の記念碑であり、当時の私の等身大であった。今はその像も壊され、知る人も少ないであろう。だが、大切な古里、吉利小学校には、飛び立とうと、顔を上げて、未来を指差していた私が、見える。明日を目指し、進めと、励ましつづける私が、居る。

もう一つの繋がりは、私の子供達。この古里吉利小学校で育ち、大都会の中で、必死に働いている。その子が言う。「母さん、きっと帰って、この吉利で生活するから」

そう、子供達は、決してこの古里を、喜んで巣立って行ったのではない。大きく成長する為、荒海の中で闘っているのだと思う。母は、無事に大きく育ち、古里に帰って来るのを、静かに待とうと思う。

私達、吉利小学校卒業生には、古里がどんと見守る明日がある。私達は、明日を信じて前を見る。そして、歩き続けて行かなければならないと思う。

＊　＊　＊

◎吉利の象徴である吉利小学校を、どのように次世代に伝承し、いかに守り継いでいくか。

「吉利小学校の門をくぐって」

満尾哲行　六一歳

「行ってきまーす」。芋畑のあぜ道を通って近道をして農道に出ます。学校に向かう上級生に混じり一年生の歌を歌いながら、所どころ木の根っこの階段になったお寺ん馬場の道を走り下りて、土手を駆けあがったりしながら、小学校へ向かいます。途中には、高い小山のてっぺんに、悪いことをすると、こわーい真っ暗な折檻部屋に入れられる吉利保育園のお寺（清浄寺）があります。森護川を渡り、吉利中学校の門をくぐって階段を上ると、広ーい校庭があり、左に共学舎、化学室、三階建ての木造の中学校校舎、職員室、音楽室とならんでいます。次は小学校に上がる階段が待ち受けています。息を切らして上がると、校庭の真ん中に大きなせんだんの木が一本。講堂、三階建て図書館、一階校舎、二階建て校舎、給食室、中学校へ下りる渡り廊下で、ぐるりと囲まれた吉利小学校に到着です。

「先生、おはようございます。皆さん、おはようございます」で、一日の始まりです。私は、昭和三五年、吉利小学校に入学しました。その頃の記憶では、一学年七〇名から八〇名、全体で四、五〇〇名いたことになります。現在の様子と比べると、よくもそんなにいたものだなと、つくづく想う事です。ずいぶん広く感じた校庭ですが、それもそのはず、私の入学時の身長はぴったり一メートルで、小学校時代一度も前ならいで手を前に伸ばしたことがありませんでした。今の子供たちは、栄養が良いせいかずいぶん体格が大きくなっているようです。時代は過ぎて今は孫が一年生、三年生でお世話になっております。少子高齢化が進んだとは言え、こんなにも早く複式学級、そして小学校統合が現実化するとは驚くばかりです。

当時の給食の記憶では入学時はお弁当で、寒い日には、小使室でかまどの窯の上に皆の弁当を並べて温めてもらったのを覚えています。二年生から脱脂粉乳を主体とした給食が始まり、好きな子、嫌いな子がいて私は大きくなろうとお代わりをしていたのを思い出します。それから運動会の思い出では、今では考えられませんが、出店が並んで、昼食休憩時間になると買い物をして、皆で遊んでいました。当時はどこの家族も、子供三人から六人の大家族で、中学校の下校庭に溢れんばかりの人でにぎわっていたのを思い出します。

当時は南薩線には蒸気機関車が走り、国道も砂利の凸凹道で、ボンネットのバスが走り、馬の引く荷馬車、リヤカー、自転車、まさしくレトロな光景がありました。子供もはだしで走りまわり、どこまでが遊びで、どこからがケンカか、いじめとか言葉すら無く、暗くなるまで遊んで、よく叱られたのを思い出します。

平成三〇年、いよいよ小学校統合となりますが、今後、数々の歴史ある吉利小学校をどの様に次世代に伝承していくのか、吉利の象徴をりっぱに守り継がれることを願うばかりです。

最後に、統合しても、吉利小学校の子供たちが、吉利で身に付けた郷土芸能を大切に思い、りっぱに成長することを願います。

＊　＊　＊

◎統合されても、新しい友だちとの出会いが、子供たちの今後の成長の糧になるだろう。

「在校生諸君へ」

冨ヶ原義幸　五六歳

なにせ、半世紀も前の話になるため、記憶が定かではないが、今の君たちのように無邪気で、楽しく愉快だった頃の記憶をたどってみると――。

在校当時、児童数が一五八人で、その約一〇年前には、三三八人だったという話を聞いた時、子供ながらに、その児童数の多さに驚き、この限られたスペース（当時は木造校舎）に倍以上の児童がいたとなると、さぞかし窮屈な思いをしてたんだろうなと感じたことを思い出したと同時に、懐かしいクラスメートの笑顔が浮かんで来る。君たち在校生の何倍もの児童が、この校庭を駆けずり回って、遊び学んだ光景を思い浮かべてみてほしい。なんとにぎやかであったことか……。

更に、入学時には最上級生の六年生は二クラスもあり、その後、進級するたびに、入学してくる下級生が少なくなっていったという記憶も鮮明に。

少子化対策が叫ばれるようになって久しいものの、一向に改善の効果が見えないと感じる一人ではあるが、今想うに当時から、吹上浜のさざ波のように、じんわりと少子化の波が、この吉利にも押し寄せて来ていたことがうかがえる。

数年前になるが、奄美大島の北東に位置する喜界島で、一一校あった小学校がいきなり二校になるという報道に衝撃を受けた。全国的に廃校になる学校が多いそんな中で、なんとか我が母校は存続してくれてたことに感謝したものだ。ふるさとの象徴、シンボル的存在。心の支えでもあった。おそらく、ほとんどの卒業生の思いではなかったろうか。

君たちの学びやが、幻の宰相と言われる「小松帯刀」のお城跡に建てられたことは、先生や地元の方々から教わって、よく知っていることだろうが、平成二年に（まだ君たちは生まれていない頃の話ですまないが）ＮＨＫの大河ドラマ「翔ぶが如く」で「有馬新七」役を演じた内藤剛志さんが「吉利の殿様」と叫んだシーンが、今でも脳裏にあり、彼が発した「ヨシトシ」の響きに、すごく感激したことを覚えている。ドラマの中では小松帯刀は、ほんの脇役に過ぎず、いつかは主役で登場してほしいという願いが通じてか、それから一六年後の「天璋院篤姫」で、俳優の瑛太さんが全国に「小松帯刀」の名を広めてくれた。それ以来、彼のファンのひとりでもある。西郷、大久保の功績はあえて言うまでもないが、彼らの能力を小松が見抜き、起用しなければ、いくら優秀な人材であっても、身分制度の厳しかったその当時、彼らが日の目を見ることはなかったであろう。そう考えると、改めて小松帯刀の存在が一段と大きく思えるし、これまで君たちが、その帯刀と同じ空間で学べた事を必ずや誇りに思うことだろう。

そして、君たちの、これからの人生を考える上で、地上に六〇数億の人類がいると言われるが、一生のうちでいったいそのうちの何%の人と出逢えるだろうか。しかもその限られた出逢いの中で、長く付き合える気の合う友だちというものは、やはり、小学校時代に出逢った友人の存在が大きいことになるはずだ。なぜならそれは、育った環境が同じ吉利の地であるということに他ならない。

吉利小学校の閉校そのものは、寂しいものかもしれないが、視点を変えれば、少なくとも君たち在校生にとっては、共に学んだこれまでの友だちに加えて、更に新しい友だちとの出会いによって、今後の成長のよき糧となるだろう。君たちの人生にとって、かけがえのない出逢いが訪れることを念じてやまない。

＊　＊　＊

◎自分の人生の大きな節目や出来事が集約された四年間。それを校舎や楠が、見守っていてくれたのだと思う。母なる学校、吉利小。

「吉利小学校にありがとう」

前屋敷（小吹）さよ子　五五歳

小学校三年生の時に他校から転校し、四年間を吉利小学校でお世話になりました。

その頃の校舎は、正面に職員室や校長室、保健室、図書室などがある平屋の建物。その東側に、各学年の教室のある二階建て。さらに西側には、木造の講堂がありました。

私の三年の教室は、校舎の一番東側。木造りの階段を上がると、児童の人数にはやや大きい教室がありました。その頃でも、一学年一教室、三〇名くらいの児童数でしたが、休み時間になると、廊下や校庭には、賑やかな声が響いていました。

転校して不安な気持ちも、同級生や転校前からよく遊んでいた一学年上の友達の顔を見ると、ほっとする感じだったことを覚えています。

階段を下りると、給食室があり、ガラス越しには、四、五人の給食のおばちゃんが、一生懸命大きな鍋をかき回す姿が見られました。今でも給食のいい匂いは、頭の引き出しに残っています。

たしか四年生の時に、皆の手で校庭に芝生を植え、しばらくは校庭一面がグリーン色になっていました。校舎の裏庭では、毎年一人ずつが大輪の菊の花を育て、開花の時期になると、裏庭や正面玄関には、白、紫、黄色の菊の花が、いっぱい飾られていました。四年生の担任の先生が、緑化活動に尽力されていて、花や緑のきれいな学校という印象が残っています。

四年生の時、待望の弟が生まれるという嬉しい出来事があり、また小学校生活でも嬉しかったこと、楽しかったことがたくさんあった年でした。担任の先生がいろんな場面で誉めて下さった言葉を、今でもしっかり思い出すことができます。

しかしその翌年、五年生の時に母が大病で入院し、六年生の時に他界しました。この二年間は、暗い闇を歩いているような感覚しかなく、思い出となる記憶がほとんど残っていません。人の言葉に心が救われたり、反対に心が傷つけられたりして、子供ながらに真の優しさについて感じたこともありました。

私の人生の大きな出来事や節目は、吉利小学校の四年間に集約されています。

卒業式の日、父と講堂の横のソテツの前で、少し恥ずかしいような寂しいような気持ちで記念撮影した思い出が、写真と共に残っています。

アルバムを開くと、正面入口の楠の下で、全員で写した写真を見つけました。この楠の由来について、恥ずかしながら何も知らず、この機会をいただいて、その歴史を初めて知ることができました。

私の小学校四年間を、いつも変わらずあたたかく校舎や楠が見守って下さったんだと、昔を振り返りながら、今、ありがたく思います。私と同じように、たくさんの子供達の色々な思いを、いつも優しく受け止めていたのだと思います。

今こうして、吉利小学校を振り返る機会をいただき、改めて吉利小の存在の大きさに触れ、感謝することができました。

ありがとうございました。母なる学校、吉利小学校。

＊　＊　＊

◎幼なじみとの女子会では、吉利小の数々の思い出に話が尽きない。
その頃の自分の姿を、今の児童たちの元気な様子に重ね合わせていたのに……。

「吉利小学校の思い出いろいろ」

中江央子　四三歳

「とうとう吉利小もか……」

県内あちこちの小・中・高校の閉校・統合のニュースを見聞きし、いつかは吉利小もそうなってしまうのだろうと思っていましたが、平成三〇年度に閉校と実際に決まってしまうと、とても残念でなりません。

家が小学校に近いため、校庭で遊ぶ児童の姿を見かけたり、校内放送が聞こえてきたり、児童数が少なくなっても元気な学校生活を感じる機会が多く、そんな子供たちの姿が微笑ましく、時には当時の自分の姿を重ね合わせたりしていましたが、それもなくなると思うととても寂しい気持ちになります。

当時の思い出は、たまに幼なじみと女子会をすれば、話が尽きません。

今でもよく出る話題は、当時の担任の先生の話です。先生の口癖やしぐさ等、モノマネの上手い人が真似して、みんなをよく笑わせていたものですが、今でも、そのモノマネで笑わせてもらっています。あとはスポーツ少年団でのミニバレー。練習中に竹刀で叩かれ、みんなで結託して竹刀を隠したら、木刀で叩かれたことも（笑）。ミニバレーでは子供たちだけでなく、地域の大人の皆さんが、一生懸命協力して盛り上げてくださったことも、非常にありがたく、思い出深いことです。

学校生活では、給食の時間、好きなものが出るとみんなで争うようにおかわりしたり、牛乳の早飲み競争をしたり、嫌いなものが出ると全部食べ終わるまで、昼休みや掃除時間にかかっても居残りして食べさせられたり、それが嫌で机の奥にこっそり隠したり（笑）。今では古びてしまった現校舎への建て替えの際には、体育倉庫として使われていた旧吉利中学校の校舎で、授業をしていたこと。冬の寒い時期でも、学校では裸足の生活で辛かったこと。バレンタインの時期になると、みんなそわそわしてチョコレートをあげたこと。遠足の前日には、今はなき吉利のAコープのお菓子売り場で、制限金額ギリギリまで少しでもたくさんお菓子が買えるように、頭を悩ませたこと。そんな他愛もない話が尽きることなく、次から次に出てきます。

個人的には、卒業式に壇上で卒業証書を渡す教頭先生が「央子」が読めず、小声で「なんて読むの？」と言った声をマイクが拾い、背中越しにクスクスと笑う声が聞こえ、恥ずかしいやら悲しくなるやら、最後の最後にそんなこともありました。

どうでもいいような数多くの思い出が、卒業後三〇年以上経った今でも、私たちの記憶の中にしっかりと残っています。

吉利小学校が廃校になってしまうのはとても残念ですが、この文集を読んだ誰もが当時を懐かしんだり思わず笑ったり、良き思い出として、吉利小学校をいつまでも心に残していてほしいと願います。

＊　＊　＊

◎これからも地元に住む住民として、地域活動に力を入れていく。

「吉利小学校の思い出」

下野裕輝　三五歳

長かったようで短かった六年間を思い返すと、一番先に思い浮かぶのは一年生の時にみんなで行った吉利の探検です。

私の同級生は九人で、その当時でも一番人数の少ない学年でした。その九人と担任の寺田先生とで森護川を水源までさかのぼったり、鳩野牧場へみんなで行ったり、毎日がとても楽しかったことを覚えています。

今思い出せば、一時間程度の散歩だったのかもしれませんが、当時は半日ぐらい歩いて、とても遠いところまで探検したような気分でした。新緑の中、さわやかな気持ちでみんなと行進したことが今でも目に浮かんできます。

次に思い出されるのは、三年生から始めた剣道スポーツ少年団の活動です。姉二人はバレーボールをしていましたが、当時、男子は剣道をするものと、三年生に上がった時点で入団しました。

はじめは、重い竹刀に振り回されながら素振りをしていました。入団後、自分の胴着や袴を買ってもらった時は、とてもうれしく、練習日以外にも家で着ていました。あまり上達はしませんでしたが、試合に出ることがとても楽しかったことを覚えています。

吉利小学校は閉校になりますが、地元に住む住民として、地域活動で吉利を盛り上げたいと思います。

＊　＊　＊

◎学校、友達、上級生や下級生、先生方、地域の方、そして家族、みんなが思い出。大好きな吉利小学校で学んだこと、出会った人々のことを、私は忘れない。

「裸足で過ごした六年間」

前村（妙見）由香　三五歳

風薫る五月。校舎のベランダに出て、下校庭につづく風景とその向こう側に広がる青空を眺めていると、心の中まで澄むような心地よい風を感じていたことを思い出します。父と母が通った吉利小学校には、私たち姉妹四人も通いました。

「Y—K—H。こちらは吉利小学校校内放送局です。八時五分校内放送の始まりです」。放送委員会でのセリフと共にたくさんの思い出がよみがえります。

印象的なことは「裸足教育」実践校で、教室でも校庭でも一日中裸足で過ごしたことです。そして私が入学した年は、その頃にしては極端に人数が少なく、卒業まで九名で学校生活を送りました。上級生や下級生に混じって過ごした昼休みには、渡りロープやさるすべりの木登り、タイヤジムの内側（丸太台の下）での料理ごっこ遊び。そして、こっそり放送室隣の一輪車小屋の裏で、火遊びをしたこともありました。低学年までは「きりんの首」という今では考えられないほどの高いアスレチックもありました。校外授業での鳩野牧場、全校生徒で芋の苗植えや芋掘り、田植えに稲刈りと、貴重な体験学習もたくさんしました。時代の流れと共に、高学年になると視聴覚室がパソコン教室になり、旧吉利中の校舎横の芋畑への舗装道路も整備されました。

六年間の間に校長先生、教頭先生をはじめ、たくさんの素晴らしい先生方との出会いもありました。ベテランおばちゃんの寺田先生、かけ算九九の暗唱で放課後残された吉嶺先生、くわえタバコ姿でお花の世話をする福元先生、八重倉先生が産休に入りギャングエイジ真っ盛りで困らせてばかりだった竹ノ内先生、見た目の怖さとは逆に綺麗な字を書く永井先生、六年生は私の念願が叶って東條先生……と、どの学年でも笑ったり叱られたりしながら、先生方がいつも愛情たっぷりにご指導してくださいました。

運動会には祖父母が四人そろって運動会の応援へ駆けつけてくれたことも懐かしく思い出します。学校、友達、先生、地域の方に家族……、小学校の思い出は私や家族の思い出でもあります。

このたび過疎化等により閉校が決まったことは大変淋しく残念ですが、小学校で学んだことや、小学校を通じてたくさんの人との出会いがあったことを、忘れずにいたいと思います。

大好きな吉利小学校、ありがとうございました。

補章

在校生作文集　三六名

すみずみまできれいにするぞ

一ねん　したうち　そうし

「びっくり大さくせんスタート」

二がっきになってそうじを、一ねんせい五人で力をあわせて、はやくおわらせるさくせんをかんがえました。どうしてかというと、二ねんせいを、びっくりさせようとしたからです。みんなでかんがえました。すみずみまで、きれいにぞうきんでふきました。

びっくり大さくせんだいせいこう。

たのしかったがくしゅうはっぴょうかい

一ねん　はとの　じんらい

ぼくが一ねんせいで一ばんおもいでになったのは、がくしゅうはっぴょうかいです。大きなかぶで、ダンサーのやくになりました。

ダンサーでそくてんをすると、みんなが、大きなはくしゅをしてくれました。ぼくはとってもうれしかったです。らいねんも、たくさんれんしゅうして、みんなと力をあわせて、がくしゅうはっぴょうかいをがんばります。

どきどきのにゅう学しき

一ねん　みつとみ　かんな

一ねんせいは、ぜんいんで五人でした。わたしは、その四人とようちえんがちがいます。にゅう学しきのときわたしは、すごくどきどきしました。でも、四人のなかで一人、ともだちがいました。わたしは、「一人じゃない」とおもいました。そしてしらない三人とあったときわたしは、「このおともだちならだいじょうぶ、一ねんかんがんばるぞ」とおもいました。

おいしいきゅうしょく

一ねん　みつお　れい

ぼくは、学校ににゅう学してはじめてきゅうしょくをたべました。そしてぼくはきゅうしょくセンターの人たちにありがたいなとおもいました。すききらいをせずぜんぶたべれるようにがんばってます。なぜかというときゅうしょくセンターの人たちがえいようをかんがえてつくってくれてるからです。これからも、のこさずちゃんとたべたいです。

ながなわがんばったよ。

一ねん　山ぐち　さくら

たいいくのじかんにみんなといっしょに、ながなわをしました。うまくなわにはいれなくてなんどもしっぱいをしてなきました。でもうしろにならんでいたりのさんが、「だいじょうぶ、れんしゅうすればうまくなれるよ」といってくれました。いまは、みんなでながなわを一〇〇かいとべるようにがんばっています。

ぜったいにとべるようになるぞ。

たのしかった一日えんそく

二年　さこ　一ま

ぼくは一日えんそくで水ぞくかんへいきました。水ぞくかんにいったらイルカショーやエイ、大きなカニなどいろんないきものをみることができました。

じんらいくんはイルカショーのおてつだいをしました。水ぞくかんのつぎにこうえんにいきました。水あそびがいちばんたのしかったです。とてもたのしい一日えんそくでした。

おいしいおもちを食べたしゅうかくさい

二年　かたひら　きょうすけ

しゅうかくさいは、みんなでそだてたもち米をぺったんぺったんついて、おもちをまるめました。ナサニエルくんといきをあわせて、

「よいしょよいしょ」

ともちをつきました。おもちを食べたら、

「おいしいね」

とみんなが言いました。ほっぺたがおちそうでした。とてもたのしいしゅうかくさいでした。

もえるおに火たき

二年　とみが原　かの

わたしは、二回目のおに火たきを見ました。かどまつとしめなわをあつめておに火たきをしました。り

のさんのおかあさんが
「この火にあたればかぜをひかないよ」

と教えてくれました。わたしは、

「そうなんだ、おに火たきの力はすごいな」

と言いました。そのもやしたかどまつとしめなわでもちをやいて食べました。おいしかったです。

うれしいうんどう会

二年　ペドリンハム　ナサニエル

ぼくは、うんどう会でうれしかったことが一つあります。それは、白組がかったことです。「白組です」と言った時に、すごくいい気もちになりました。そんな気もちで、「ばんざいばんざい」と言いました。

「みんなの力と心を一つにすればかならずかてる」と言うことを学びました。これからも、力と心を一つにし、がんばりたいです。

やさいをうえたよ

二年　春田　りの

生活科のじゅぎょうで、なす、ピーマン、ブロッコリー、オクラなど、みんなで、うえました。かのさんが、「おいしいやさいがそだつといいね」といいました。くさをぬいたりすると、スクスクと大きくなりました。しゅうかくになると、りっぱな、ピーマンなどがとれました。みんなでつくったおやさいは、とってもおいしかったです。

二五メートル、泳ぎきったよ

三年　原口　哲平

「がんばれ、哲平」という母の声。三年生の水泳大会で、ぼくは二五メートルのクロールに出場した。「ぜったいゴールしてみせる」。足をバタバタ力強くキックする。その時、母の声が耳に入ってきた。手をグイグイのばすと、ゴールが見えてきた。顔を上げると、

「哲平、よくゴールまで行けたねえ」

母にほめられて、とてもうれしかった。

やりきったよ、ガイドさん

三年　迫　穂乃花

「ゆっくりでいいよ。落ち着いてね」

わたしは、国語の時間に、はじめてガイドをすることになった。ドキドキしていると、言葉がつまって、指じがうまく出せない。でも、クラスのみんなが、やさしく声をかけてくれた。わたしはうれしくて、「みんな、ありがとう」とパワーをもらった。みんなで力を合わせたガイド学習。やりきったよガイドさん。

三人のミニコンサート

三年　みつとみ　心雪

「学習発表会で、音楽クラブも、リコーダーの発表をしてみたら」

三年生から始まったリコーダー。何回練習しても上手にふけなかったわたしは、音楽クラブに入ることにした。三人で、練習をくり返して、いよいよ本番。ドキドキ、指がかたまったけれど、力を合わせてさい後まで、えんそうできて、とてもうれしかった。やったね。

宿題、自分でがんばるよ

三年　今中　ゆり

「ばあちゃん、分からないから、教えて」

宿題を家でする時の、わたしの口ぐせ。でもバレーで、学校にのこって宿題をする日がふえてから「どんなにむずかしくても、一人であきらめずにやらなくちゃ」と、へん身することにした。「ゆり、さい近、聞かずにがんばっているね」とばあちゃんもほめてくれる。「でしょう」と答えるわたしも、うれしいな。

かっこいいおすもうさんに

三年　迫　虹乃

「にじの、強い人とする時は、おして、おして、ひくだぞ。そうすれば強くなれるよ」

わたしは、ほう年ずもうに向けて、お父さんと一しょに練習をしました。お父さんは、すもうをとりながら、ていねいに教えてくれました。お父さんのおかげで、わたしは、こ人の部で、ゆう勝しました。

「お父さん、ありがとう。次は、お父さんをたおしちゃうぞ」

お父さんとの思い出

三年　みつお　きら

「きら、お前もお父さんみたいに、自動車のせいびしを目指せよ」

スケッチ会で、山下モータースの車の絵をかきながら、ぼくは、小さいころ工具のおもちゃでお父さんのまねをして遊んでいたことを思い出していた。県で特せんになった絵には、お父さんとの思い出がいっぱいつまっている。天国のお父さん、よろこんでくれているよね。

あい情いっぱいキタカタ大豆

三年　山口　叶夢

「取ったどお」。大豆畑にひびく声。ぼくたちは、「なんでんタイム」で、キタカタ大豆のことを学習し、大豆をしゅうかくさせてもらった。ぼくの家の近くが畑なのに、大豆の花の色がうすむらさきだということや水をきらうことを、はじめて知った。ぼくは、北区のキタカタ大豆があい情いっぱい育てられているという事を、たくさんの人に伝えたい。

おいしいおかし、山内せいか

三年　迫　唯央

わたしのお母さんのはたらいている山内せいかへ、社会科見学に行った。「おいしくなあれ、安心・安全のおかしよ」。山内せいかの人たちは、まほうのじゅもんをとなえていた。そして、何回も手をあらっていた。安心・安全のために、こんなに気をつけていることをはじめて知った。これからも、おいしいおかしを作りつづけてほしいと思う。

みんなで大わらい

三年　立たく　ま歩

学校ほけん委員会に、わらいヨガの先生が来てくれた。「うそわらいでいいよ」と、先生は言っていたが、わたしは本当にわらってしまった。いおちゃんの、はげしい動きと、楽しそうな顔が、おもしろくてたまらなかったからだ。「あはははは」わたしは、お母さんと二人して大わらいした。わらいヨガ、とってもおもしろかったな。「あはははは」

どろんこ田うえ、カーニバル

三年　前屋敷　瑞季

「うわ、ぬるぬるしてる」。田んぼに入り、心がウキウキしてきた。「先生、いねください」。とんできたいねが、わたしの目の前にとんできた。にげようとすると、「あれ、足がぬけない」。そして、そのまま、いねはわたしにとんできた。どろが、ビチャッとはね、わたしにかかる。みんなでシャワーをあび、どろはすっきり。はやく大きく育ってほしいな。

みんなでキャンプ

三年　うがり　ゆき

「今日のカレー作り、がんばろうね」

と、お姉ちゃんが言った。ぼくは、にんじんの皮をむく係だ。少しむずかしかったけれど、みんなで作ったカレーは、とてもおいしかった。夜は、お父さんたちがおばけになって、子どもたちをおどろかせるきもだめしもあった。自分たちでたてたテントで話をしたり、ねむったり、とても楽しいキャンプだった。

目指せ、新記ろく

四年　さこ　そうま

「明日、がんばれよ」

と、なわとび大会前日の夜、兄からの言葉。大会本番、ぼくは急にドキドキしてきた。でも、兄からの言葉を思い出し、全力でとんだ。必死でとんでいると、いつの間にか、兄の言葉はふっとんでいた。記ろくは、一七分四三秒。ぼくの新記ろくだ。「よくがんばった。すごいじゃん」。兄にほめられ、うれしかった。

おばあちゃんとの交流給食

四年　桑原　泰河

「おばあちゃん、どうしたの」

祖父母交流給食会に来てくれたおばあちゃんが、なみだぐんで言った。

「今の給食は、おいしかねえ。からいもの入った、こっぱとは全然ちがうねえ」

日ごろ食べている給食が、もっとおいしく感じた。「これからも、苦手な物も残さずに、もりもり食べて、立派な大人になるぞ」

心もぽかぽか登下校

四年　春田　果音

「おはようございます」

「いつも元気がよかねえ。いってらっしゃい」

毎朝、登校の時、地いきのおじさんたちが返してくれる、かご島べんのあいさつ。この言葉に心もぽかぽか、私は、元気いっぱい一日をすごすことができる。毎日欠かさず、声をかけてもらえるうれしさと安心感。「今日もがんばるぞ」。むねがはずむ登下校の時間だ。

伝統受けつぐ、太こおどり

四年　立宅　真輝

「まさき、ファイト」

お母さんからの言葉で、やる気がボオッと出てきた。今年は、三年に一度、南区が太こおどりの番だ。

「ズンチャコ、ズンチャコ」。音がはげしくなってくる。それに合わせて、ぼくも、はげしくおどり、小太こをたたいた。

「よくあんなにおどれたね」。地いきのおじさんたちもほめてくれた。伝統を守っていくぞ。

ふるさと学りょうで学んだこと

五年　鈴木　咲

初めて参加する四はく五日のふるさと学りょうに、むねがわくわくしていました。ふるさと学りょうでは、自分たちで洗たくやそうじ、荷物の管理などをします。

ふるさと学りょうで、いちばん大変だったことは、洗たく物をほすことです。上手なほし方を考えたり、自分一人でほしたりする仕事は大変でした。終わらないと、次の活動におくれそうになることもありました。自分でやってみて、家の仕事の大変さを知ると同時に、改めて母への感謝の気持ちをもつことができました。

また、ふるさと学りょうでは、時間を守ることや自分で考えて行動することなど、多くのことを学びました。学んだことを、これからの学校生活や家庭生活に生かしていきたいです。六年生でもふるさと学りょうに参加したいです。

頼りになる六年生

五年　鮫島　夕奈

「ナイスレシーブ」

体育館のはしまで元気な声がひびいている。私は、吉利ミニバレースポーツ少年団のメンバーだ。吉利バレーは、日新小学校、日置小学校、伊作小学校、吉利小学校から構成されている。

四月から私は六年生になる。最高学年である六年生は、下学年のお手本となるような行動をしっかり行ったり、チームをまとめることをしたりする。

六年生になるまでに、現在のキャプテンや副キャプテンの行動から多くのことを学び、四月からスタートする新チームを、よいチームにしていかなければならない。

だから、学んだことを生かして、みんなから頼りになる六年生になって、みんなを引っ張っていこうと強く思った。

初めての修学旅行

五年　鵜狩　瑠奈

私は、修学旅行で熊本に行くとき、とってもどきどきしていました。

初めての修学旅行で初めて熊本城やグリーンランドに行きました。熊本は、私が思っていた以上に、人が多くてびっくりしました。グリーンランドには、いろいろな遊具などがありわくわくしました。友達と一緒に、いろいろな遊具で遊びました。いちばん楽しかったのは、空中ブランコです。空中ブランコから見る景色はとてもよく、高いところにどんどん上がっていくと、楽しさが増し、「これ、楽しい。おりたら、もう一度乗りたい」と思い、友達ともう一度乗りました。

私と友達は、

「これ、本当に楽しいね」

と言い合いました。グリーンランドで、とても楽しい時間を過ごすことができてよかったです。機会があったら、また行きたいです。

ごはんとみそ汁作りに挑戦

六年　外屋敷　真子

「すごくおいしい」

自分たちで作ったごはんとみそ汁を口に入れたしゅん間、思わず声を上げた。

家庭科の調理実習で、ごはんとみそ汁作りに挑戦した。私は、ごはん作りを担当した。今回は、なべでごはんをたいたのだが、なべでたくのは火加減が難しい。私は、「おいしくなるといいな」「どんな風にたけるかな」などを考えながら、ごはんがたき上がるのを待っていた。しばらくして、そっとなべの中をのぞいてみた。すると、キラキラとかがやくお米がちらりと見えた。とてもおいしそうだった。

いよいよ食べるしゅん間がやってきた。ごはんはもちもちで、みそ汁はちょうどよい味付けで、とってもおいしかった。自分たちで作ったごはんとみそ汁のおいしさは、今でも思い出してしまう。

笑い声が響く通学路

六年　原口　侑芽

「あはは。あはは」

と笑い合う声が、通学路に響いています。私は、いつも友達と一緒に学校であった楽しかったことやおもしろかったことを話しながら帰ります。

学校から家までの通学路は、きょりがとても長く、登り坂があってきついけど、友達と話していると、そのことを忘れあっという間に家に着いてしまいます。

でも、通い慣れた通学路を登校や下校で使うのはあと少しです。卒業すると、新しい通学路に変わります。

だから、残された時間を友達と、

「あはは。あはは」

と笑って帰る一日一日を大事にしていきたいと思います。

気持ちで勝利を

六年　迫　莉乃愛

毎年十月、豊年相撲大会があります。日吉町の子どもや大人が集まり、個人戦や団体戦などをして優勝を狙って競い合います。

相撲大会前には、中区公民館の土俵で放課後練習をしますが、すり足やしこふみをして最後には本番と同じように相撲をとります。

「こしを入れて、足を前に踏み出すんだぞ」

などのたくさんのことを地域の指導者の方から教わります。

相撲大会本番は、心がドキドキしていましたが、負けないという強い気持ちで相撲をとると個人戦二位、団体でも二位をとることができました。

練習はきついこともありましたが、負けないという強い気持ちをもって勝負でき、よい成績を残すことができてよかったです。これからもいろいろなことに、強い気持ちをもって臨んでいきたいです。

責任をもって働く

六年　上之園　彩

吉利小学校には四つの委員会があり、三年生から委員会活動に取り組みます。三年生の時は、上級生に一つ一つていねいに教えてもらいながら、当番の仕事に取り組んでいました。だんだん学年が上がり、様々な委員会活動を経験する中で、委員会活動のよさや大切さが分かってきました。

きれいな花が咲く花だん、さわやかな声がひびく校内放送、毎日の給食の献立のお知らせ、図書室での本の貸出しなど、学校にいるみんなが気持ちよく学校で過ごすことができるための仕事だということが分かりました。そして、自分でできることを進んで行うことの大切さを知りました。

これからも、委員会活動を通して学んだことを生かし、学校や地域の一員として、できることに責任をもって、進んで取り組んでいきたいと思います。

地域が熱くなれる駅伝大会

六年　前屋敷　匠

「頑張れ。ファイト」

沿道で応えんする人たちの声は、ランナーにとって大きな原動力となる。地域の人々が、みんなで熱くなれるのが、「日吉地域一周駅伝大会」である。

日吉地域の総合体育館からスタートし、一五名の選手が町内を一周するコースを走り、またスタート地点へもどる。

ぼくは、吉利Bチームの四区を走ったが、アップダウンのきつい所を走る選手も、ひたすら長い道のりを走る選手も、応援している人によってかけ抜けられるのだ。選手だけでなく、沿道で応えんしている人たちが、この大会で熱くなれる。

これは、とても素晴らしいことだと思っている。これからも地域が熱くなれるこの駅伝大会に関わっていきたい。

収穫できた喜びを感じて

六年　畠中　颯太

一〇月一〇日の土曜日に稲刈りがありました。稲刈りをするのは、今年で六回目です。ぼくたち六年生は、初めて経験する一年生や経験回数が少ない二年生に、かまの使い方や稲のたばね方などを教えながら、一緒に作業に取り組みました。みんなで協力しながら、たくさんの稲を刈ると心地よい汗をかいていました。手作業での稲刈りを無事に終えることができてよかったです。

また、手作業での稲刈りが終わると、六年生は機械で稲刈りをしました。機械での稲刈りは二回目ですが、とても難しかったです。でも、米作りアドバイザーのみなさんのおかげでまっすぐ上手に刈ることができました。

今年もおいしいお米が収穫できてよかったです。また、たくさんのお米を収穫できたことや米作りアドバイザーのみなさんに感謝したいです。

友達とともに協力した宿泊学習

六年　冨ヶ原　陽夏

「久しぶりだね」
と声をかけ、二泊三日の宿泊学習に向かう日吉地域四校のバスに乗りこんだ。今回、一緒に宿泊学習に参加する日吉地域四校は、住吉小、日新小、扇尾小、吉利小の四校だ。

二泊三日の宿泊学習でたくさんの思い出を作ることができた。特に、思い出になったことは二つある。一つは、初日のテントはりだった。グループの友達と協力してテントはりをした。汗をかきながら取り組んだが、その汗はとても心地よかった。

もう一つは、二日目のサイクリングだ。友達と海風に当たりながらのサイクリングは最高だった。

友達との二泊三日の宿泊学習を通して、協力することの大切さや友達の存在の大きさを改めて感じることができた。また一つ、すてきな思い出ができた。

貴重な体験をした陸上記録会

六年　坂上　太洋

「わくわくするな」

とつぶやいた。胸が高鳴るのを感じながら、第一〇回日置市小学校陸上記録会の日を迎えた。この陸上記録会は、日置市の小学校の五、六年生全員が参加できる大会だ。

ぼくは、去年に引き続き今年も一〇〇メートル走と走り高跳びに出場した。五年生の時は、とてもきんちょう張していて、納得できる結果を出せなかったけど、六年生では、ほどよいきん張の中、走り高跳びにおいて、前より高く跳ぶことができ、六位入賞という結果を残すことができた。また、一〇〇メートル走でも、ほどよいきん張の中、さわやかな秋風を感じながらゴールラインを走り抜けた。上位入賞には入らなかったが、納得する走りができた。

陸上記録会を通して、日置市内の同学年の人と競い合い、日ごろできない貴重な経験ができた。

吉利小学校

あとがき

満冨啓城《みつとみひろき》

この本の出版を思い立ったのは平成二七年九月二四日の夜である。

同夜、出席していた第六回「吉利小学校区吉利小学校在り方検討委員会」（平成二六年八月一九日会則施行）が廃校を決めた夜だった。

小学校廃校が将来、吉利地域にどのような変化を及ぼすのか、悲観的な想像しか浮かばず、吉利最大の文化施設が消え、子供たちの声は聞こえなくなり、高齢者すらいなくなるのではないか、といった悲壮な思いにかられた。

行政の提案に基づく大きな流れの中にあっても、住民は暫し立ち止まり別途、道は絶対に開けないのか、地区民の実質的な総意を得るために思考を巡らすことは、地域の将来を模索する上で極めて大切と考えた。

これより先の九月一九日にあった吉利の活性化を考える「未来会議」（第二回）で講師が強調された「地域活性化に小学校の存在は重要だ。小規模校が複式学級をしっかり維持している事例をよく見てきている」という助言も、廃校には慎重を期したいという思いを強くした。

だが、第六回「吉利小学校区吉利小学校在り方検討委員会」は、採決で廃校を決めた。

出版の狙いは、たとえ学び舎は消えても、この学び舎の歴史の中で育った先輩、同志、後輩たちの心にある吉利小学校のともしびを末永く灯し続けることだ。

早速、地域の有志に相談、関東吉利会の定例会に上京、出版への協力をお願いした。会長、入鹿山達郎氏（入鹿山嵩氏のご子息）をはじめ、多くの在京者の励ましをいただき感激した。関西吉利会会長、大富優氏にも協力を要請したところ、電話でのお願いにもかかわらず快く協力をお引き受けいただいた。お陰様でこの本に多くの方々の思いを届けていただいた。感謝の一言に尽きる。

吉利小学校在校生の作文投稿について校長先生にご相談したところ、他の先生方とも話し合っていただき「全面的に協力する」というメールを頂戴し、全校生徒の作品をご提供いただくことができた。小学校長にはこの本の出版の趣旨をご理解いただき、とても感謝することであった。

卒業生への依頼方法は二〇人にご本人の執筆と合わせ、知人卒業生五人ほどを推薦してもらった。推薦名簿は各人の了解を得たうえで提出をお願いした。皆さん厄介なお願いにもかかわらず積極的に取り組んでいただいた。中には推薦した各人に電話し更にはがきで執筆督励をしていただいた方もあった。この情熱には当方が圧倒される思いで力強かった。

こうした多くの人たちの思いが詰まったこの本が、一人でも多くの方々の手に届くことを願っている。ご協力いただいた各位に深甚の感謝を申し上げます。

世にひとつ、吉利小よ、不滅なれ

今の世に、直き心よ、甦れ

吉利くん ありがとう

2017年 1月25日　第1刷発行

編　者　株式会社 耕人舎
鹿児島県日置市日吉町吉利1008—2

発行者　向原祥隆

プロデューサー　満冨啓城・田中健一郎

アドバイザー　向原祥隆

コピーライト・編集　窪田浩二

イラストレーション　大寺　聡

制作協力　鳩野哲盛・原　時重

本文デザイン　オーガニックデザイン

発行所　株式会社　南方新社
〒892-0873　鹿児島市下田町292-1
電話　099-248-5455
URL http://www.nanpou.com/
e-mail info@nanpou.com

印刷・製本　株式会社イースト朝日
ISBN978-4-86124-354-7 C0037

付録

昭和一一年発行『二葉』三九号
昭和一七年発行『ふたば』四六号

抜粋

二葉

39호

吉利校

綴方

入選

おばさんのうちのあわつみ

尋二　前田民子

わたくしが、おばさんのうちへあそびにいきましたら、おばさんとおぢさんとおばさんとが、あはつみをして、ゐらつしやいました。わたくしにもつんでください、おつしやつたので、つんであげました。ちよきん／＼とつんでゐましたら、もう十二時になりましたさうしてごはんはおばあさんが、こゝでたべなさいとおつしやいましたので、わたくしはありがたうといつて、ごはんをたべてまたあはをつみました。たばにてあるあはは、もう三はになりました。さうして、一生けんめいつみましたら、だん／＼すこしになります三ばののを、おぢさんが一は、おばさんが一は、おばあさんと、わたくしは、一はののをつみました。さうして、もうあははつみとりました。さうしておばあさんが、たあちやんが、きたら、はやくつみとつた、とおつしやいました。

評　民子さんがあはつみのかせいをなさつた心掛けに感心いたします。さぞおばさま方は、およろこびでございましたでせう。（善福）

入選

おいもこり

尋二　池端清治

わたくしは學校からかへつてべんきやうをしている

と、おとうさんが、私をよびになりました。わたくしは、「はい。」といつておとうさんのところへきてみますと、おとうさんは私におといもとりにいかうと、おつしやいましたので私はすぐべんきやうのものをかたすけて、畠にいきますと、おかあさんとおとうさんがにこ〳〵しながらおいもを取つていらつしやいました私は一生けんめいにはたらきました。おとうさんがかんしんといつてほめて下さいましたわたくしは一生けんめいにしました。こんどは大きいおいもがでてきました。わたくしはよろこんでおとうさんおかあさんにみせました。おとうさんは大きいおいもがでてきたねといつてほめて下さいました。おとうさんがよくはたらいたからあそびにいきなさいと、いつたのであそびにいきました。

評　清治さんがよくお父さんお母さんに加勢したら、大きいおいもが出たのですね。（善福）

おばあさん

尋二女　禰寝郁子

わたくしのおばあさんは　わたくしが學校からかへろまでさいほうをしてゐらつしやいます。わたくしがかへつてたゞいまかへりましたといふとすぐさいほうをやめていまでしたかといつてわたくしとおばあさんと水をくみます。ねえさんが學校からかへつた時は、おばあさんはもうねえさんがかへつたからあそびなさいとおつしやいました。わたくしはあそんでおればべんきやうができなくなるからと、いつてべんきやうをしました。おばあさんもねえさんもかんしんかんしんと、ほめてくださいました。

評　おばあさんに、かせいすれば大へんおよろこびになりますから、今から心がけをわすれないやうに一そうおばあさんにかせいして、よろこばせておあげなさい。（善福）

おいわひ

ジン二　スワメントシ子

わたくしのうちのうしの子になまへをつけようとおとうさんが、おつしやいました。おかあさんは、おすしをしたりなましをしたりしていらつしやいました。おとうさんは、にはとりをこしたへていらつしやいました。おかあさんたちのしめができやると、もうなんじかといつてとけいをみますと、もう五時といつてしかができました。もうよがへつたのでしんるいのおぢさんたちがたくさんおいでになりました。みんな來てからおちやわんをもつてきました。さうして、おすしをゝぎました　おすしをゝいただあとでこんどは、さらをもつて來てにはとりのみやほねをさらに一ばいつぎになりました　みんなおせんにのせておぢさんたちにだしましたわたくしたちもたべましたわたくしは、ちつとたべました　もうたべられなくなつて來ました。さうしてもうねむりがつきました。わたくしは、やつぱりおきていました　おぢさんたちのさらなどをもつて來ました。おぢさんたちはさやうならといつてかへりました。

評　おかあさんたちのしめが「テキャルト」「チット」たべましたと言ふ。このことばをもつと、よいことばでかいたらもつとお上手になるでせう。（善麿）

ゑんしう

尋二　小園　アキノリ

二三日前ゑんしうがありました。ぼくがつかうからかへつてゐると「とん、とん」とてつぱうの音がきこえてきました。

ぼくはすぐになが吉のたんぼにかけてゆきましたゆくとちゆうおもさうなはいなふを、せおつたへいたいさんたちがどての下などにかくれておられました。

てつぱうをかためてはしつてはどての下にかくれたりおられました。二三にんのへいたいさんが私にからいもをくれるといはれましたがもらはれないでしたわたくしがゆうごはんをたべてゐる時もねているときもたくさんのへいたいさんたちがはしつてとほられました。よなかにもてつぱうやきくはんじゆうの音がしましたまた「わあつ」といふこゑがしました。

評　ゑんしうについてもつと〱くはしく書いたら、其の時の様子がはつきりと分かるのではないでせうか。（善麿）

入選

たにし取り

尋三　禰寢　香世子

日曜日に、大へん天氣がよかつたので私のうちの下の田んぼへたにしとりに行きました。ねえさんがうばしからかつてこられたてごをもつて行きました。弟とねえさんと三人ゆきました。

私たちはまだどんな所に居るかしらないので、友だちにきいてみたら、「へつた所にいますよ。」といつたのではしつて行きました。たんぼへいつてから、しばらくしたら、ねえさんがどんどんとりだしましました私も時々とつていました。それからのち、私もねえさんもどん〳〵とりだした。弟はてつどうせんろの所まではしつていつたりしてまだ一つもとりません。私はもうながくとるのでもうどれだけたにしがなつているだらうと思つて、かごの中をのぞいてみたらはんぶんぐらいになつていました。それからしばらくすると、たいくつしてとりたくなくなつたので弟と、土をたくさんためて、弟の顔になげたり、おいかけていつて、なげたりしました。その時ちやうど私のようふくがたいさうようふくだつたのでくろくそまりました。私の顔も弟の顔も二人ともよごれました　あちらの方ではねえさんが一生けんめいにたにしをとつている、こちらの方ではおもしろがつて惡い事ばかりしている。

また私はてごをみてみたら、もうすこしで、かご一ぱいになるところでした。それから、しばらくしてかへりました。

かへつてから私が「こんやたにしをにて下さいと」といつたら、おかあさんが「みをとつたら、どんぶりにいつぱいもない。」とおつしやいました。こんどはおとうさんにきいたら、「こざら一ぱいもない」と、おつしやつたのでくやしいでした。

評　たにし取りの様子がよくあらはれて居ります。弟と土なげをして遊んだ事などはよく書いてあります。（善麿）

入選　私はえんぴつです

尋三女　打越怜子

私はもと店屋のたなにかざられて居た。すると、どこかのおじやうさんが來て私を買つて行かれた。おじやうさんは家へかへりつくと、ぴか〳〵する小刀を出された。私はびく〳〵して居るとやがて、私のからだをけづられた。いたくていたくてたまらない。今度はほねまでけづられた。

私のほねでまつ白いものに何か書かれる。ふしぎな事です。白いものに書かれると、私のせがだん〳〵ひくゝなる。しかしおじやうさんのきれいな手ににぎられるので何となくうれしい氣がする。

書き終ると、きれいな箱に入れられた。私は目を丸くしてあたりを見た。仲間の者も入れられて困つて居るやうにあたりを見た。私を見ると急に仲間の者は安心したやうだ。私も安心してゆつくり休んだ。

朝になると、大きい土色の箱のやうな物に私たちを入れて、おぶつて大勢の子供の居る所に行かれる。

評　自分がえんぴつになつた時の氣持がよくあらはされて居りますが、一番おしまひの書き方が少し、ものたりない感じがする樣です。（善福）

入選　夏休みの思ひ出

尋三女　北柳子

近所のえみちやん

えみちやんは、こくぶに行つて居ます。今度の夏休みのおぼん前に、おぼんにお父さんと二人で、かへつて來ました。えみちやんは、目はぱつちりした大そうかはいゝ子供です。かはいゝ事、かはいゝことばを言ひます。いつか庭へ出て、かはいゝようふくを着てせつたんくわんをたいこにして、一しようけんめいになつて、歌を歌ひました。おばあさんと、二人ではたけに行つて、かへつて來る時も、おばあさんにおんぶしてもらつて、おばあさんと二人で又、うたをうたつて來ました

えみちやんはお父さんや、おばあさんがいないと、すぐなき出します。きよねんかいつか、おばあさんやだれもいない時、ねて居たのが、一生けんめい泣くの

で、私たちが行つてみますと一人しよんぼり立つて居ました。

今度のたいこをどりの日に、お父さんにをどりを見に行くがといつて、「おいがじえん〳〵なもつおよいが」といつて、お金の音をさせてゐました

今はこくぶで何をして居るのだろう。どんな事をして遊んで居るだろう。うたをうたつて居るかもわかりません。又らい年は、かへつて來て、今年のやうにあんな事を、聞きたいやら見たいです。

評　よく書けました。えみちゃんのかはいゝ様子がよく書きあらはされて居ります。（善福）

うさぎ

尋三女　畠中清子

私のうちには、うさぎがゐます。此の間お母さんがくしきののにいさんの所からもつてこられました。私はその日は、おぢいさんと車をひいておかあさんがもつてこられたうさぎをのせに行きました。うさぎはうれしさうに園の中にゐました。私はだきたくてたまりませんでした。

お母さんがもう五六日ばかりしたら、赤やんを生むさうだとおつしやいました。私はうれしくて、うれしくてたまりません。私は、赤ちゃんを生むのだからうれしくて、うれしくてたまりません。私は、赤ちゃんを生むのだからうれしくて、うさぎに草をたくさんきつてくわせます。うさぎはもしや、もしやと音をたててたべます。私はうさぎが、かはいくてたまりません

評　うさぎが早く赤ちゃんをうめばよいのに、まちながひですれ。（善福）

すもふ

尋三男　川邊準一

僕が學校からかへつて見たら、おばあさんと荻田どんのおばさんが、すもふ見に行かうと言つて、まつていました。僕はもうふと、ござを持つて行きました。神社の上で、おもかつたので、一分間休んでのぼりました。行つて見たらたくさん來て居ました。松のかげにむしろを敷きました。

すもふがはじまつたので見に行きました。今ののは

學校の人たち[illegible]した。學校の人たちは、中區がかちました。今度はおばあさんの所へ行きました。おばあさんが。くりを買つて下さいました。くりをたべてから買ひ物に行きました。

こんどは子供を出してすまふを。とらせました。泣く人や笑ふ人や、びつくりしてゐる人がゐました。子供を出したあとで、又少しすまふがありました。すまふがすんでから、もうふとござを持つてかへりました

評　よく書いてありますが、みんなのすまふを取る有様をもつとくわしく、かくことは出來ませんか。（善福）

夏休の思ひ出

尋三　坂口義明

かも池に行くとちゆうに電車にのつた。その電車はかも池行きだつたので、のりかえもせんでらくでした

かも池につきました。動物園のにゆうじやうけんを買つて、見物をしました。一ばん始めに猿がをりました。そのつぎに見たのは、はとや、その外の鳥でした鳥は人になれて逃げようともしません。そのつぎはぞうや、らくだがをりました。なんきんまめを買つて、あひるや、猿に、やると大よろこびでたべました。ぞうにやると長い鼻で、すひつけたと思ふとぐるぐるとまいて、口の中へ入れてたべました氣持が惡いようにおもひました。

その日は大そう暑かつたので、アイスケーキを、買つてたべました。そのアイスケーキはできたてだつたので、歯がたゝないようにかたいでしたがおいしいでした。それからかも池の動物園を出ました。

僕はねえさんに、「かも池に來たきねんに、にゆうじやうけんをとつて、おこう。」と、言つたら、「そうしませう。」と、ねえさんが言つた。今でもそのにゆうじやうけんを見ると、目の前に、猿や、ぞうや、鳥などが見えるやうです。

評　動物園を見物に行つて大へんうれしいでしたね。ぞうが、なんきん豆を食べる様子をよく書きあらはしてあります。

お祭日

尋三　池水清秋

なんの事も思はないで朝早くおきると、おかあさんがにぎりめしをしていらつしやいました。「すまふ見

にいく用意ですよ」と、おつしやいました。

私はうれしくて早くお祭がすんですまふ見にいきたいと思ひました。

それからすぐかほをあらつてごはんをたべて、學校に行きました。いつこうかねはなりませんでした。すまふ見にいきたいのだが早くなればよいがなあと思ひました。しばらくしてからかねがなりました。私は大そううれしくて「さあ今だ」と言ふやうな氣がしました。みんな並んでお宮にいく時早く行け〳〵といふやうな氣持でいそいで行きました。

お宮につきました。お宮にはたくさんの人がきていました。お宮のよこの方には赤ちゃんをおぶつたをばさんたちがたくさん來ていました。お宮の中にはお祭をするをぢさんたちがいました。しばらくして笛がなりました。するとすぐたいこもなりましたので大そうにぎやかでした。又かへりにもすまふを見たいと思つて走つてかへりました。

評　だいもくがお祭日ですから、もつとうれしかつた事、おもしろかつた事すもふ見に行つた事をふかく〳〵書いたら、お祭日のにぎやかな其の氣持があらはれはしないかと思ひますね。（[illegible]）

ひとり思ふ

日高マサ子

何の氣もなく夕日の光に輝く黄ばんだせんだんの葉を見つめてゐた。一ひら二ひら淋しげに落ちた。今年も赤秋が訪づれて來たのだ。心は思ひはるけく五年の昔を辿つてゐた。母を亡くしてより最早や五年を過ごした。どんなに淋しい、悲しい思ひをして來たことかいやこれからも尚續くであらう。よきにつけ惡しきにつけて思ひ出されるは母の顔。よべど叫べど歸らぬ母であるが、どうして逝かれました。なぜ歸つて下さらないのです叫びたい思ひがする。

御親閲のあの朝、「行つて拜みたい。きつと今日までには元氣になれると思つてゐたのにな……」後は涙にくもつて目を瞑じてしまはれた母。

今日のあの有難かつたことを話してあげようと急いで歸つて見ると、兵營におられる筈の兄が母の枕許に坐つておられる。さはぐ心をおさへて母の枕許へ、母はこん〳〵と眠り續けておられる「お母さん」よんでも何の返事もない。默つて兄の隣へ坐つた。

あの日から四日目の二十三日眠るが如く逝つてしまはれた。どうして逝かれたのです。涙にくれて目をあげると日はとつぷりくれて、せんだんの木もうそ寒い夕風に吹かれてゐる。

入選

牛かひ

尋四　井上哲郎

よそのおぢさんが牛買ひにこられました。すると一番末の弟が「おいげん牛はうらんど」というとおぢさんたちはにこ／＼わらはれました。牛ごやから牛を引出して見られました。牛を木につないでお金の相談をされました。すると私におぢいさんが草切に行つて來たらお金を五錢くれるとおつしやいました。私はかまをといで草切にいつて歸る途中牛をひいて行かれるのに出あひましたので私はいつまでも／＼み送つてゐました。

評　讀んでゐる中に私まで牛を賣りたくなくなりました。ぬけ目のない文です。少しのむだもなくあなたが見た事、した事を書いてあるからです。（宮内）

入選

遠足の前夜

尋四男　山下昇

兄さんとおゆに入りました。おゆから上つて、お母さんに明日着て行くようふくを出してもらひました。くつやくつしたも揃へました。おべんとうは明日の朝おかあさんがこしらへて下さるはずです。これですつかりしたくができましたもう忘物はないかといく度もしらべて見ましたが何もありません。お天氣はどうかと思つて外へ出て見たら空には美しい星がきら／＼光つてゐましたので何もかまはすあゝうれしいなと言ひました　そしてねましたが明日は早いから早く眠らうと思つてもなか／＼眠れません。明日の樂しい事が目にうかんできました。

評　遠足の前後あなたがした事、思つた事をそのまゝ書いてあるので此の文が生きてゐて大へんうれしく思ひました。外に出て空

をながめるあたり、床についたところなどあなたの樣子がめに見える樣です。（宮内）

入選

牛

尋四　井上盛義

私が學校へいくとき、かへるとき、牛が「もう」といはないことはありません、牛はもう私をしつているのだらうとおもひました。私が學校からかへつて、牛ごやにいくと氣持よく、口をぱく／＼させてすわつています。だれのでも足音をきくと、すつくと立あがります。草をたべさすると、長いしたをのばして草をはらの中へいれこみます。私が出ていかうとしますとまたひもしさうに私のはうを見つめます。私またくさをやりました　私は牛にはくさをらんとたべさせてだん／＼とふとらしたいとおもつて草をきります。

評　牛が盛義さんになついてゐる樣子。あなたが牛をかはいがる心がみじかい文の中によくあらはれてゐます。

一草をらんとたべさせてだん／＼ふとらしたいと思つて草をきります。一は大へんよい心掛です。（宮内）

さんげし

尋四　鳩野正平

昨日兄さんと日置の濱にいくと、みんなが「さんげし」を作つて居た。僕がよく見ていたらさんげしがあんまりいばつていたので、僕が「どつこい／＼」といつたら、はらをたて、僕をおつかけて來た。そのとき兄さんが「ほら誰か」とよびました。

そうして「さんげし」にのつた人は逃げてしまつた兄さんが「おいが誰か」といつたからよといひました

僕は嬉しいでした。そうしてもうかへりに僕が「どつこい／＼」といつた人がいなかつたのでたのしく兄さんの自轉車にのつてかへりました。そうして大きい橋があつて石の高いのにこういふ字がかいてあつたそれは「潮入橋」とかいてあつた。僕はそれで「濱」の水がきていつたりでたりするから潮入橋というのだといふことがわかりました。そうして内にかへつてから「さんげし」を作らうと思つた。

評　日置の濱に行く途中見たさんげしの事について、ありのまゝすなほに書いてあるので大へんよいと思ひました。前半に人がい

つたことをそのまゝ入れてある所でこの文が生きてゐます。さんげしは危いから高いのに乘つてはいけませんよ。（宮內）

稻かぶ切り

井上金四郎

私は今日はほのみなとの前のたんぼに、稻かぶを切りに行ました。行つて見ると土が柔いのでくわで切ると「ぐつ」と行つてくわをもち上げたら、柔い土だからすひついたやうになつて落ちませんでした。私はこゝのたんぼの土が一番柔いと思ひました。土が柔いと切りかたがひまがいつた上切れませんでした。

かぶを切つて居ると汽笛が鳴りひゞきました。私は汽笛が鳴つてもかまはずかぶを切つて居ると、私の內の人がごはんをもつて來られました。

評　金四郎さんが稻株を一生けんめい切る所がよく書けてゐます。一人で行つて切つたのか、家の人と行つたのか分りませんね、それでもつとくはしく書くとよかつたのですがね。（宮內）

うちのこねこ

尋四　原田辰夫

私のうちのこねこは學校から、かへると足もとにとびついてきます。さうして、私が何でもやると「にやん」といつてたべます。時々ねずみやすゞめをとつてきてやるとそのごはんはたべないでねずみやすゞめをたべてゐます。又ねる時はねどこの中についてきて「グウ〳〵」といびきをかひてねます。そとにだすとやつぱりねどこの中にはいつてきます。さうして朝になつて、私がどこでもゆくとついてきてもう見えなくなつたら又、うちにかへつています。

評　あなたの家の子ねこのする事はよく分りますが、どんな毛色の子ねこか聞きたいものです。（宮內）

時計

尋四男　原口進

私の內にはぼん〳〵時計があります。去年の春ごろかごしまにもらいにゆかれました一日たつておかあさんがかへつて來られました。そして人形などをもらつて來られました時計を出された時には、私はうれいでした。そしてかぎにかけて、おくと弟がいたづらなことをして、時計は死ぬといつても聞かないので、こんどは、私が弟をうつとおかあさんがうつなと、私にいつて聞かせました。そしておかあさんが、高い所へかけられました。それから弟は、いたづらが出來ないやうになりました。

評　時計をもらつてお出になつた時弟さんが珍しがつてゐるところがよく書けてゐます。ふろしきから時計を出される所や時計についてあなたがありがたく思つてゐる所などもつとくはしく書いてほしいでした　（宮内）

くすのき

尋四男　柚木園　三男

私のうちには、大きなくすのきが二本ありました。そうして、いちばんおほきいくすのきはうられました。そのいちばん大きなくすのきは私のうちのおぢいさんに尋ねて見ると、おれが小さいときにこやしてうえておいたらあんなに大きくなつたのだよとおつしやいました。

評　わかりやすく書けてゐます。大きなくすの木のことをもつとくはしく聞きたいものですね。（宮内）

希望

鄉田良夫

「先生行つて來ます」。「では元氣でね。」

互に交す最後の一語。彼は傾きつゝある家運挽回の爲に大なる希望に胸を躍らせつゝ鄉里を出發した。

彼は早くお母さんに死別れ、病氣の父と年老ひた祖母とを養はねばならぬ不幸な子であつた。

彼はいつもよく働いた。學校が引けるが早いか、友の樂しい遊びも他所に、いつも歸りを急ぐ彼であつた冬の木枯吹きすさぶ日、薪拾ひに行くことが幾度あつたか、夕闇せまる頃ほひ、買物に出で行く彼の姿をよく見受けることもあつた。ほんとに彼の家にとつては彼は誰よりも大事な存在だつた。然し家庭の事情は、いつまでも彼を家に留める餘裕を許さなかつた。

苦しい家計の中から漸々高等科に通ふ彼の姿を見ては同情せずには居られなかつた。いつそのこと途中で止めて奉公に出たいと思ふことも再三あつた。然し將來人並の人間になるには是非とも高等科は卒業したいと[illegible]な希望から父に對し常に無理な願をしてゐる彼であつた。

艱難の年月は流れて漸々卒業の日が來た。彼の心中や如何に？又今日の日を待ちわびし病父の喜びは如何ばかりなりしことか？其の夜親子は、ひしと抱合ひて男泣きに泣いた。

卒業の翌日彼は家を後にした。彼の顔には決心の色が浮んでゐた。

入選　徒歩

尋四女　瀬野京子

私たちの徒歩は御はんをたべてからあるのでした。私は待ちに待つてゐました。とう〳〵六十二番私たちの徒歩がきました。大小にわかれて走るのです。小さい人たちが先にはしりました。やつぱり中村さんが一番です。いよ〳〵私達の番です。皆はどつと出發線に並びました。胸はどき〳〵してあしまでふるへました

口先生が、用意のしせいを取つて、といはれるが早いかすぐぴすとるをうたれました。飛出しました。私よりも先に一人走つてゐる人があります。私はまけたと思つて一生けんめいに走りました。おうえんが、どこからもきこえて來ます。私はだん〳〵走方にむ中になりました。二番目のまがりかどでやうやうその人をぬきました。おうえんの聲は聞えないぐらいです。とう〳〵けつしよう線の所で、テープをきりました。その時のうれしさは何とも言はれないぐらゐです。すぐ一と書いたはたをわたしました。さうして賞品をもらひに行きました。校長先生が、にこ〳〵顔で、鉛筆を五本下さいました。五本もらつて自分の場所へ行く時はうれしく〳〵てたまりません。すぐお母さんの所へ持つていつたら、「一番でよかつたね、」とほめて下さいました。

評　徒走の時の氣持が大へんよく書けました。書き出しの所もなか〳〵うまい。（宮内）

入選　遠足

尋四女　前田悦子

十月の十三日の日に、かごしままで行きました。朝

一番の汽車で吉利を出發して、かごしまの本えきに八時半の頃につきました。先づ東郷ぼちに行きました。大へん高いきれいな所で、大きな東郷元帥のお墓が立つて居ました。そこでしばらく遊びましたが非常に景色がよい所で、かごしまの南の方は一目に見えました

次に西郷さんのお墓がある所に行きました。そして西郷さん方のはいてゐらつしやいましたざうりや着物洋服、すずりだとか刀だとか、いろんなめずらしい物をたくさん見ました。西郷さんの使つていらつしやつたすゞりなど特に大きい物でした。ざうりだとか洋服なども大へん大きくてみんなびつくりしました　それから波止場に行きました　ちようど其の時大きな汽船が港へは入つて來る所でした。白い波をたて、靜かにすうつとは入つて來ました。其の他にも大きな船小さな船がたくさん居ました。そして私たちのやうな生徒が小さな船にたくさん乘りました。みんなぼんやりして、さわがしい港のやうすを見て居ました。

そしてこんどは、照國神社へ行きました。けいだいの廣いことゝとりゐの大きいことに　みんなびつくりして見て居ました。私もあんな大きいとりゐを見たことは始めてでした。そしてあの廣いけいだいにちりが一つおちて居りませんでした。

それから城山へ上つて中食をしました。城山も大へん高くて景色のよい所で、遠足の人がたくさん來て居ました。

しばらく遊んで四十五聯隊に行きました　行く途中でほらあなを見ましたそして西郷さんが首をおとされた所も見ました。

四十五聯隊に行つた時は、しばらく門の近くで遊んで中には入りました。さうして小川といふ兵隊さんから、くつや洋服をしゆうせんをする所や病氣になつた兵隊さんをなをしてあげる所や、おふろ、馬の居る所などを、いろ／＼せつめいしてもらひました。

それから電車で動物園に行きました。時間がなかつたので、ゆつくりあそべないでのこりおしいでした。

評　遠足のことがぬけ目なく大へんよく書けました。
西郷さんの御遺物や波止場の様子、照國神社の事などくはしく書けてゐますので大へんよく分ります。言葉のいひまはし方も二、三うまい所が見えてうれしいでした。（宮内）

入選

魚

尋四　妙見　ミチ子

昨日魚が二萬ばかりとれたと言はれたので、今朝早くはまへ行つて見ました。はまはたくさんの人です。上のほうからみただけでも砂の上に、たくさんの魚がごろごろころがしてあります。其のそばに魚を見にきた人買つて行く人　もろう人、船に乗つた人などが、たくさん集まつて濱べは大さわぎでした。その中にお父さんが「魚を持つて行つて食べないか」と言つてまだ生きてゐる魚を二匹他に三匹下さいましたので喜こんで、家へ歸りました。そしてさしみにしたり、燒いたりして食べました。學校へきた時にも魚のことばかり思つてゐました。學校がすんだ時私は走つて歸へりました。お父さんはせつせと魚を鹽づけにしてゐらつしやる所でした。大きなたるに一ぱい入れてあります私はびつくりして「こんなにたくさんとれたのですか」といつたらお父さんはまだこちらにもあるのだと言つて笑つてゐらつしやいます。私はうれしくて〳〵たまりません。私はお父さんのおてつだいをして魚をたるにつめました。お母さんがしんるいにくばつて來いとおつしやいましたので、かごに入れて持つて行きましたしんるゐのおばさんは、大へんよろこんで私はお金を下さいました。私はよろこんで家へかへりました。

評　魚がたくさんとれた時の場面や鹽づけなさるところなど〳〵はしく書けて文が生きてゐます。後のしめくゝりが何だか物足りない様な氣がするのは惜しいことです。（宮内）

入選

動物園

尋四女　神村　トシ子

この前遠足で動物園に行きました。始にさるの所に前田さんと二人で行きました。かこひがしてなかつたので私はびつくりしました。そろ〳〵近よつて見ると小さなざいもくがたくさん立てゝあつてそれにかなくさりでつないでありました。二十匹ぐらいで、大へん小さなかわいいさるで、ちよこ〳〵と歩いて居ましたざいもくの上にする〳〵と上つて、あたりをきよろ〳〵ながめてはぽんと飛おります。段々人々が集りました。そして誰からつかしようを投げてやりました。

さるは長い手をのばして、つかみました。そして目をきよろ〳〵して、しつぽを、ぴよん〳〵はねて、上手に中のみを取つて食べました。次にとらや、しし、らくだ、象を見ました。だんだん歩いて行くとへびの居る所へ出ました。へびは死んだのか生ているのか少しもわからないようでした。その向がはの上にきつねの居る所がありました。きつねは犬に大へんよくにていたので、始めはなに、犬だらうと思つて居ました。所が私達が、わいわいさわいだのであつちへ行つたり、こつちへ來たり、きつねもさわぎ出しました。きつねは犬と、歩きかたがちがつて居ました。

評　動物園のことがよく書けてゐます。殊にさるやきつねを細い所までよく氣をつけて見てゐる所など大へんよいと思ひます。（宮内）

學校研究會

尋四女　古川　レイ子

一月も前からまつて居た學校研究會も、今では何時の間かすぎてしまひました。三ヶ村の研究會の時はあれ程胸もどき〳〵して居なかつたのに今度の研究會の時は胸がおどつてなりませんでした。それもそのはず今度のは、三ヶ村の研究會よりも大きいのであつたからでせう。校長先生、しゆせきの先生方が見て下さるんだつたからです。とう〳〵かねがなりました。前からも横からも朝會を見てゐらしやいます。私はかねてよりも一そうしつかり体そうをしました。教室にはいりました。そろ〳〵先生方が見に居らつしやいました私は一番はじめに本をよみました　よむときはびくびくしながらもうれしい氣持でよみました。北どんの小父さんが私のノートと前田さんのノートと見くらべて見られました。私はそれが一番おそろしいでした。日曜日もやすまず勉强したゝめか、かねてよりもずつと〳〵とよく出來たやうでした。かへつて「お母さんに「私は今日はかねてよりもずつと〳〵勉强がよく出來ましたよ」といひますとおかあさんは「それはよかつたね」といつて笑はれました。

評　皆で待つてゐた研究會の日のあなたのたいどがすなほに書けてゐてうれしいでした。前の書出しの所をもつと考へて書いたらよかつたのにと思ひます。この所で此の文のねうちが下る様な氣がしましたので。（宮内）

おつかひ

尋四　福添ヨシエ

いつものやうに私が赤ちやんをおぶつて遊んでゐると、弟が「あら　お父さんのお歸りだ」と言つて走つて來ました。お父さんは東區へお菓子を持つて行かれたのです、今朝は運動會だと言つて早くからお菓子を自轉車につんでゐらつしやいました。弟はお父さんのお歸へりを待ちこがれてゐたのでした。お父さんは自轉車に何かふろしき包を下げていらつしやつたので、私たちは下さい〳〵と幾ども〳〵ねだりましたが、お父さんはお母さんと何か話合つてゐらつしやいます、話がすんでお母さんが「これはねじめどんのだ」とおつしやつたので私だちはがつかりしてしまひました。お父さんが「おりづめを持つて行け」とおつしやいました。時計を見るともう六時です、それでもがまんして赤ちやんをおぶつて、おりづめ箱を下げて急ぎ出しました、たんぼから歸へりの人々が二三人あるだけてもうすぐらくなり人通りも少いです、「こわい〳〵」と思ひながら行くと、どこかの小父さんがこちらへ居らつしやるので私は小父のおいでになるのを待つて、後につい行きました。けれども小父さんは鬼丸神社から外の道へ行つてしまはれました。少し行くと、「にやん」とねこの聲がしました。びつくりして身がぞつとしました。胸がどきどきしますのでこばしりに急ぎ出しました。あまり急ぎ出したので赤ちやんが泣き出しました。けい子さんの家についた時はほつとしました。

評　夕方お使に行く時の恐しさが大分よく書けてゐます。あたりの様子やねこが出て來た所などもつとくはしく書くとまだこの文が生きてくると思ひます　始の方によけいなところが多いやうですね（宮内）

晩秋

尋五　今中秀充

朝、起きるたびに何となく寒い。そんな朝にはきつと、ひよどりが「ぴい〳〵」ほがらかさうな聲を立てゝゐる。どうかすると庭は霜で眞白である。學校へ行く途中は冷たくて泣きたい程だ。こやどの墓のはぜの葉が赤く色をつけてふるえてゐる。

あちこちの山々、所々の紅葉は、ちやうど空から、黄や赤や朱の色を落したようだ。櫻の木が獨りはだかにされてゐるのはかはいさうに見える。高い電線の上でもずがしつぽをふりながら、けたゝましい聲で鳴いてゐる。

秋は又晝より夜の方がよいやうだ。砂銀をふりまいたやうな星たち。三日月が隣のしゆろの木の上で青白く光つてゐるのはすきだ。後の柿木にこの前まですゞなりになつてゐた柿が一つ月にさらされて ぬれてゐる。夜風が吹くたびに戸がかた〳〵となる。僕はほんとに秋は好きだ。

評　秋の感傷、それが文の隅々に迄現れてゐる。表現の語句、それにも五年生としては驚く程の技巧がうかゞはれてゐる。うまい

（原口）

入選

演習

尋五　池水静

清秋と義道が演習をしてゐた。

僕が行くと義道が「静はおいがほよ。」と言つた。

「わいどんがほは、人づがすつなかで日本じやつど」と言つて大そういばつてゐた。

義道が「ほいなら、はじめつみれ。」と言つた。

「義道なんだ、むかへん岡じやつど、あたや池んうえん竹やぶいおつで」と言つて。

僕が「どんと言つたらはじめるのだ」と言つた。

しばらくしてから「どん」と言ふより早く、畠の上を通り、義道は田んぼを通り清秋をはさみ打にしたが行つても〳〵ゐない。「おつたかー」と義道がおらぶ「おらんどー、」と答へた時、岡の一番上から「おほー」と言つた。僕等はやぶを出て一さんに追つかけたとう〳〵池のそばに來た。清秋は逃げやうがない。僕等はすぐつかまへて、うしろ手をとり、足をくびつた清秋はおお〳〵息をしながら、こうさん〳〵と言つた

評　要領よく書けた會話文、大へんうまいと思ひます。（原口）

圖畫

尋五　野村盛孝

寫生だ、と言ふので皆喜んで學校の上の道を上つて行つた。私はまつ先に歩いた。ずん／＼歩いて行くうちに、「もうこゝでよいだろう」と言はれて、秀充の紙に形をとつて下さつた。先生の言はれる通りして秀充君の紙を見ては書く人が五六人はそばに居た。

僕が其所に立つてゐると、荻田君が「さき行つが」と言つた。山下君と瀨野君もまじつて四人で東の方へ歩いた。道のまがり角でふりかえるん木立の間から靑々とした海が見える。「わいどん、此所がよかど」と私が言つた。三人が「うん、此所がよかわい」と言つて、其所からかくことにきめた。

海の色をぬつてゐると、後の方から足音がしないやうにたび／＼のぞきに來た。一つのぞいた人ののを見ようと立ち上つた。山下君と瀨野君のゝは餘りきれいではなかつた。

一人すみ、二人すみして四人ともすんだ。私は二番目でした。もう皆すんで歸つたかも知れない、と思つて走つて行つたが、まだ大方書いてゐた。

皆が「もう、すみました。」と言つたので先生は「歸らう」とおつしやつた。皆、道具を持つて、ぞろ／＼歸つた。

あくる日、敎室に入つて見たら、私の圖畫がはつてあつた。「はら、おいがと、が」と喜んだ。荻田君のゝもはられてあつた。

評　校外寫生の様子がよく現れてゐます。結びの段も大へん佳いと思ひます。どんな所を寫生したのか、其れがもつと書いてほしいでした。（原口）

内からのながめ

尋五　鳩野繁

私の家は少し高い所にあるので、あたりの有樣がよく見える。一番よく目につくのは、赤や黃色の紅葉である。綠の木立の中でまばゆい位の木の葉が、ゆらゆら風に吹かれてゐて其の上に飛び乘りたいやうな氣持ちになる。東の方を見ると、高い山々がいくつともなく重なつて、元氣な聲で鳴きながら、ひよどりが飛び立つ。すぐ目の前の岡は立木が切りはられて、大きい石がごろ〳〵してゐる。その下を小川が流れてゐるので、音は聞えないが、ちよろ〳〵流れてゐるだらうと思ふと氣持がよい。色々の小鳥はこゝにのどをうるほしに集る。右手の岡は大木の幹につたや山のいもがまきついて、それが日まして赤くなつて行く。日の下の田んぼでは、ぐん〳〵れんげ草が太つて稻の切りかぶはもう見えない、程である。私はどこにに行つても内からのながめが一番すきだ。

評　秋の美しさが溢ふれてゐる。文全体を讀んだ後の心よさ、其處に此の文の佳さがある。（原口）

待ちどほしい新年

尋五　山下賢一

いつの間にか冬になつて、昭和十一年も後一ヶ月で新しい年を迎へる。明くれば昭和十二年、其の時の嬉しさはどんなだらう。樂しく遊ぶ自分の姿が目に見えるやうだ。

やがて十二月になつたら、雪もちら〳〵降り出して庭も立木も屋根も眞白にうめるのだ。思ひ出しても心がおどる。十二月も終りに近づくと、其所、此所で朝早くから餅をつく音がなりはじめ、通り店では、景氣をつけろ旗や、廣告が北風に吹かれ、人々のいそがしさうな足どり。じつとしておれないやうな氣持になるだから自分達は、かりとられた田ぼや潟を走りまはるのだらう。

だが、十二才の時は二度と來ないのだ、と思ふと、なんとなく悲しくもなる。今の中に今年やらなかつたことをどし〳〵やつてのけて、十三になる新しい年を迎へよう。

評　樂しいお正月、それを待ちつゞける賢一君の心持がよくわかる十二才の年をうまく使つて十三才を迎えやうとする其の心がうれしい。（原口）

健坊へ

健坊、お手紙有難ふ。ぐつと字が上手になつたね。矢張り今でも晩になると、おぢいさんが檢査するんだろ、今頃裏の蜜柑が褒美にもらえて、おぢいさんのきめられた分より、きつとよけい書いてゐるんだね。蜜柑と言へば裏の榎の側のテングはすつかりとつちまはないで殘しとけよ、休みにパチンコの的がなくなるからな。然しパチンコはおぢいさんに賴んどいて勉强しないと又落ちるぞ。今頃から勉强も實を入れてゐないと、六年になつてからはいくらあせつても中學の徽章は附けられないよ。それに學期末で考査等も續く頃だらう。此の間、姉さんも今年は健坊へのお年玉は何にしようか、と言つてたよ。學校の成績できめるんださうだから、しつかり頑張れよ。もつとも、兄さんはそんなことはしないがね。

十二月に入つて、から風が冷くなり始めるとそろそろお母さんの好きだつた水仙の咲く頃だね。日曜にはあれを折つて墓參りして欲しいね、きつと墓の下で「健坊よく來てくれたね。」とお喜びになるよ。お父さんの墓は萱の走つてくるところだから油斷すると草藪になつてしまふよ。日曜日、天氣のいゝ日など、今日位健が墓參りしてゐる頃だなーと思ふんだ墓のあの草枯れた土手路を、右手に花桶、左手に箒を持つてひよく〳〵上つて行く姿が眼にちらつくのだ。ー墓に行くと、何だか樂しい氣がして、兄さんも健坊位の頃からは、よく一人で墓參りしたもんだつたよ。今でも、どこにはどんな恰好の墓石がある、それにはどんな字が彫つてある、といふことまで思ひ出せるよあの地藏樣の根本の石の邊では、よくおそくまで遊んで歸つたもんだつた。今考へて見ると、お父さんやお母さんの許でいつまでも甘へて居たい樣な氣持なんだね。おぢいさんからの手紙に健が近頃獨りでよく墓參りするとあつたが、健坊もきつと其の頃の兄さんと同じ氣持じやないかと思ふんだ。

だが、健坊、うなだれて歩くな。俺達には墓から見守つて下さるお父さんとお母さんがあり、家には、年こそとつてをられるがあの優しいおぢいさんとおばさんが居られるんだからなあ。神樣に生えているやうなあのおぢいさんの白いお鬚を、引張りながら大きくなつて行く健坊はしあはせだよ。兄さんも、もつと長くおぢいさんのひげを引張つてゐたかつたんだが……。

然しもうぢき歸れるから、とても樂しみにしてゐる夕べも、おばあさんが、とろゝ飯こさへて下さつた夢を見んだが、覺めてしまつて惜しいことをしたと思つたよ。健坊、暇が有つたら山芹、見つけとけよ。二人で掘りに行かうなあ。

會社は二十九日から休になる三十日にはそちらに着く、おみやげ、どつさり持つて來るから、お迎ひ頼むよ。今のところ姉さんと話し合つては見ないが、多分一緒になるだらう。くわしいことは其の中おぢいさん宛に書く。

おぢいさんやおばあさん、小母さんにもよろしく、では健坊、二學期ももうしばらくだ、元氣を出して頑張れ、頑張れ。

——宇田——

入選

遠足

尋五　田村量子

十月十三日我等五年生一同と高一四年生は五人の先生方にみちびかれて鹿兒島市を見物に行つた。

先づ東郷元帥のお墓に行き、其の次に南洲神社に行つた。東郷元帥のお墓は鹿兒島市や港が一目に見える高い岡の上にあつた。さつぱりして何となく心が引きしまるやうな氣がした。南洲神社は南洲先生のお墓が一番眞中にあつて、毎日お詣りする人がたへないさうでほんとにきれいにしてあつた。其のそばのお墓は南洲先生の家來の方で十年の役に戰死なさつた方々だと柚木園先生がお話して下さつた。次に南洲先生の御遺物を見た。南洲先生の洋服や着物を見たが、私の体が二つ入る位大きな物でした。おつかひになつた時計や硯や刀やお書きになつた物も今はもう古くなつてゐたが大切に保存せられてあつた。其の時はほんとに奥ゆかしい氣もちがした。

次に鹿兒島港に行つた。今ちようど大きな汽船が荷物をもつてきかいで上げたり下げたりしてゐた。見てゐると一人でに「すー」と上り又下りるので不思議なやうでもあればおかしいやうでもあつた。

遠くに見える櫻島、近くに見えるぼうはてい、目の前に見える棧橋、どれを見てもきれいで珍しかつた。それから城山に行つておべん當をたべてお見やげにグリコやミゼットなど買つた。城山を下りて廣い野原をあるいて兵營に向つた。皆大分つかれたとみえ天皇へい下の御立あそばされた記念碑の前にこしを下してしばらく默つてあたりを見廻してゐた。

野原のまん中で兵隊さん方が行進をしてゐられるの

が小さく見えた。又歩き出して兵營の本門の前に來て見ると門番が銃を手にして立つてゐた。中に入つて特務曹長からあんないしてもらつた。あんなにたくさん家が立つてゐるからたくさん兵隊さんがゐるのだらうと思つて聞いてゐたら鐵砲が入つてゐるへやや兵隊さんたちの病院　洋服やくつがほころびた時ぬふへやや顔を洗ふ所やおせんたくする所などあつた。色々聞いたり見たりしてほんとにありがたかつた。

兵營を出て待つてゐた二臺の電車にみんな大さはぎして乘つてかも池に行つた。

一番めずらしかつたのはあうむであつた。よそのおぢさんがなんきん豆を見せてお母さん〳〵とくりかへした。私は何よりもかはいく思つた。又めづらしいのはひひでした。どちらのおしりも赤くなつてゐた。私はそれに見とれて長く見てゐた。とら、しし、さる、へび、ぞう、らくだなども一通り見た。しばらく遊んでゐると集れのあひづがなつた。みんな一散に走つて集つた。又電車に乘り、汽車に乘りして歸つた。吉利驛について見たらおむかへの人々がたくさん待つてゐて下さつた。私は誰が來て下さつたかと見まはしてゐると妹がまじつてゐたのでほんとにうれしかつた。鹿兒島の話を聞かせながら歸り着いたのは六時十五分であつた。今朝五時半頃出てから今まで大へん長いやうで家の樣子がかはつてゐるやうに見えた。

評　大へん長い文章がすら〳〵と長く書けてゐます。思つた事や、した事をどん〳〵書いてみる事は、綴方では必要な事です。（原口）

入選

兵營

尋五　野村厚子

廣い〳〵練兵場を横ぎつて少し行くと、兵營に着いた。門口に小さな家のやうなものがあつてその前に兵隊さんが氣を付けをして鐵砲を前について居られた。

門の中に入つて見ると衛兵の人達が十人位腰かけて見て居られるので何だか恐しくなつた。しばらく待つてゐたら、赤いきれいな布を肩から斜にかけた特務曹長といふ方が來られて、「今日は皆演習に行つて留守だから私が案內します。」とおつしやつた。そして皆四列に並ばせられた。

「左側の一軒の家は兵隊で惡い事をした人をいれる

のである、よいことをした人は亦どん〳〵ほめるのです」
と言つてにつこりなさつた。

皆おそろしさうに体をちゞめた。

又少し行くと敎室のやうなへやがあつた。「こゝは兵隊さん方のお母さん方は來る事は出來ないから、此處で靴のやぶけたのや、服のやぶれなどぬふ所です」とおつしやつたので私は男の人がそんなに縫へるようになるのかとびつくりした。

それからしばらく歩いて行つたら、庭に藁を五十糎位の高さにずつとほしてあつて、その後の家にきれいな馬が何頭となくつないであつた。その藁は夜になると敷いてやつて朝ほすのださうです。

次に大きな煉瓦造のおふろが二つあつた。入る所はセメントでぬつてあつた。並んだまゝ通り過ぎて長い兵舎の後庭に止つた。

「此の家は兵隊がねる處です。かぶる物はふうとうのやうなもので一番先に足から入れてねるのです。」とおつしやつたから皆どつと笑つた。其處に二人の兵隊が機關銃を持つて來て黒いかはの袋を取り臺のやうなのにのせた。

特務曹長がその中やたまを見せられた。たまは丁度そろばんのたまに似てゐた。「これをこめて下の方をおすと今こめたたまが何發でも出るのです。」とおつしやつた。そしてそれを高くしたり、低くしたり、右や左に廻された。私は機關銃がなりはしないだらうかと思つてびく〳〵して耳をふせた。それから時間がないからといつて門の處へ連れて行かれて、「皆体を大事にして勉强しなさい」と、おつしやつた。私たちはお禮をいつて停留場へ行きました。

私は始めて兵營を見せてもらつてこの上もなくありがたく思つた。そして今日は遠足に來てよかつたと思つた。

評　面白く書けて居ますね。特務曹長殿のおつしやつた事を、よくおぼえてゐる上に、話を聞くたびに感じた事や、した事をうまく書いてゐるので、佳い文が出來たのだと思ひます。（原口）

假装行列

尋五女　上内テル

唱歌行進がすんで自分のいちにつくと、お母さん達が公民學校から面白いかつこうでぞろ〳〵出で來られた。

一番目に南區のお母さん達がねずみの顔で並んで來られた。かくせいきからねずみの歌が聞こえてきました。眞先に新聞くばりの人がおしりの鐘をならせながら走つて來て配つて行きます。その新聞には「ねずみのよめ入り」とすみで書いてあつた。

そのあとからうちはを持つてをどりのやうなことをする人やねずみのおよめさんが頭に花をさして來た。

次にたらひや長い箱などおよめさんの道具を持つて通られた。

今度は中區の人々が兵隊さんのまねをしてかば色の洋服を着て帽子を被つて、鐵砲をかついで通られた。皆眞直してよく兵隊さんに似てゐた。

次に「女の一生」と書いた長い旗を立て丶その後からおよめさんのまねをした人や男のまねをした人などが出てこられた。どこのお母さんか私はさつぱり分らなかつた。

北區のお母さんたちは一番前に年をとつた小さなおばあさんが男の着物を着て學生帽を被つてはだしで出て來られたその後から生徒のまねをした人々が、みじかいやぶれたやうな着物をきて、ふろしきを背中にからつたり、かみを長く下げたりして、手を前にばかりたくさんふつてこられた。

先生も短いはかまを着て後にデブ山先生と書いたふだを下げて、「左、右」といつてゐられた。一番おしまひに旗を持つた人がゐた。その旗に「明治時代の學生」と書いてあつた。

運動場を一回廻つて二回目に眞中に並びました。そして校長先生が臺の上に上られてマッチのやうなものを下さつた。各區から一人づ丶もらひに行かれた。其の時しもふりの洋服を着たどこかのおばさんが男のやうにして歩いて行つておじきも男のやうにしてもらはれた。

評　假裝行列の面白かつた樣子がうまく書けてゐます。敬体と常体の言葉づかひは氣をつけなさい。（原口）

動物園

尋五女　河野幸子

私たちがよくしつてゐた動物園に行きました。とんねるのやうなところをくゞつて行くと、高い大きなあみの中で小ざるが一生けんめいにかるわざをして見せました。その中でもさるがぶらんこにのつてゐるところや二匹でしらみとりをしたりをにごつこをしたり人間がするやうなことをしました。又のぼり方の早いのに目がまはるようでした。其處を過ぎくまを見ましたくまの目はきつねの目のように上につつてゐて尾の色はくろ色と白色ちようどねこにからだはそつくりです行きをかへて私は一番見ようと思つたのはぞうです。今までどうは鼻がながく、耳はみのやうに大きいとならつてゐました、行つて見たらそのやうなものでもありませんでした。私はあの長い鼻でまき上げられてもらひたいと思つた。よこはらくだのへやです。らくだは馬に似てゐて背中がへこんだり上つたりしてゐる。その背中にはごろ〳〵したくびまきのやうなものがさがつてゐます。毛いろははい色のらくだでした。

しかのつのは木の枝のやうになつて二本あります。このえだのつのがなにになるのだらうとしきりにかんがへたがどうしてもかんがへつかなかつた。

大きな水たまりの中におつとせいに似たのが二匹、キャー、キャー、といつているが、なにをやつても前足でかきのけた。私はなにをやつてよいか分らなかつた。後でその動物は自分がゐる中の水をきれいにしようと思つてするんだと思つた。

ふんすいのそばに、足が長くくびの長いつるが二匹水を飲んでゐました。私はあのつるがなんでもつまづいた時には、ボキッとおれはしないかと思ひました

評　順々に動物園を見學する樣子に似た書き振です。一つ〳〵要點をうまくつかんで居る所感心です。敬体と常体の言葉づかひには氣をつけなさい。（原口）

都落

尋五女　安　城　榮　子

運動會の時、私たちの都落は朝日のさしてゐる朝の中であつた。

私どもの組は小の組であつたので先にした。洋服をつけ、くつしたをはき、くつをはいて、かばんをかけて、出發線についてゐる時、胸がどき〳〵してならなかつた。

今か〳〵と待つてゐると原口先生が、ピストルをお

うちになつたので、夢中に走り出した。まん中所のほうきのそばまで走つていつて、私は上着と下着とその下の所に手をいれてぬいで、すぐにかばんの中からせー〳〵しながら手ぬぐひをだして、洋服、くつした、かばんをつゝんだ。つぎにふろしきの先にほうきをぬくつて、すぐに手ぬぐひを目一ぱいかぶつて、左手にはくつを持つて走り出した。所がまだ誰も走つていなかつたので、自分はかねてはおそいのに、今日はなんでこんなに運がよかつたのだらうかと、ふしぎに思ひながら決勝てんにはいつた。胸をつき出してとび込んだ所が、誰か一等の旗を握らせた。うれしくて〳〵心の中は手をたゝいてゐるやうであつた。

　ふろしきとホーキを其處において、校長先生の所に行つたら笑ひながら鉛筆を五本下さつた。私は始めてあのテープをきつたので、うれしくて〳〵たまらず、早くお母さんの所に行つて鉛筆を見してあげたいでした。

評　都落ちで一等になつて、初めてテープを切つた時のうれしさ、それがよくかけてゐます。運動會の盛況を書くと、尚榮子さんの嬉しさがよくわかると思ひます。（原口）

獨り道

宮内芳美

「さやうなら。」

「寂しくはないですか、提灯《ちやうちん》あげませう。」

「いゝえ、庫い道ですし直《ぢき》其所ですから。」

私は本の一ぱい入つた風呂敷包《ふろしきつゝみ》を左手に稍伏目勝《やゝふしめがち》に歩き出した。

兩側の黄金《こがね》色の稲田《いなだ》も露《つゆ》を浴《あ》びてじつとうなだれてゐる　その田圃《たんぼ》を限つてゐる、牛が寝た様な恰好《かつこう》の連山も、薄絹《うすぎぬ》の様なとばりに包まれて沈黙《ちんもく》を守つてゐる

サック、サック〳〵〳〵　砂利《じやり》をふむ靴《くつ》音だけが高く低くとばりの中を縫ふて行く。

僅《わづか》一軒の人家も通り過ぎた。岡の麓からうるんだ電燈の光が點々として、私をじつと守つてゐて呉れる様な氣がする。

「リン、リン、リリリン、リンリンリン」。美しいソプラの（高音）の歌聲のやう。

「さら〳〵さら〳〵ざざーつ、ざーッさら〳〵。」

家の下を流れてる小川のさゝめき、練れたアルトのひ

ゞきの樣だ。
「ごーッごーつごーつ」。遠鳴りの波の音も力強いピアノの伴奏《ばんそう》の如く聞える。
四つの音《おん》が一つに融《と》け合つて靜かに緩《ゆる》やかに、高く低く流れて來る、ほんとに練れた一分の隙もない合唱である。息をするのさへも調子《てうし》を亂す樣な氣がしてならない。じつと息をこらし耳をすまして、「さつく〳〵さつく〳〵」低音《ていおん》が狂《くる》はない樣自然に歩き續けた
ふと頭を上げると、金砂をまいた樣な星が一齊《せい》に口を開け無聲《むせい》で歌ひ或は調子を合せてタクトをとつてゐる。その中央に六日月《むいかづき》がおつとりと慈愛《じあい》のこもつた瞳《ひとみ》で、一糸亂れぬ此の美しい自然の合唱を統一して行く丁度先生の樣に觀《み》てゐらつしやる。更に深味のあるメロデーの中に私は融《と》け込《こ》まれてゐく。
何時《いつ》の間にか、
「紫紺の空に月が上つた、薄《すすき》の原に、
金の露《つゆ》一つ銀のつゆ二つ
三つ四つ五つ、キラ〳〵〳〵〳〵光る。」
といふ先日子供と共に歌つた歌が浮んで來たが聲が出せない。美しい樂《がく》の流を絶《た》ち切る事が出來ない。いつぞやハーモニカを聽《き》く時六百人がうつとりとなり、音一つせず息づまる樣な氣持で聽いた、あの時の樣に：
………。
何時の間にか長いきざはしがほの白く見えて來た。
「あつ、にくらしい。此の儘《まま》でもつと〳〵歩き續けたい。やがて一條《すぢ》の音は消えた、後は少しの無理《むり》もなく益々和《なご》やかに流れてくる。
私は何時までも〳〵その儘聞き續けてゐた。
「ガアン〳〵〳〵〳〵〳〵〳〵〳〵。」
やつと我に返りきざはしを登り始めた。それでもメロデーをこはさぬ樣に——……
自然の調《しらべ》は私の存在は眼中にない樣に益々冴《さ》えて、
何時までも〳〵、永遠に消えない樣に流れてゐる。

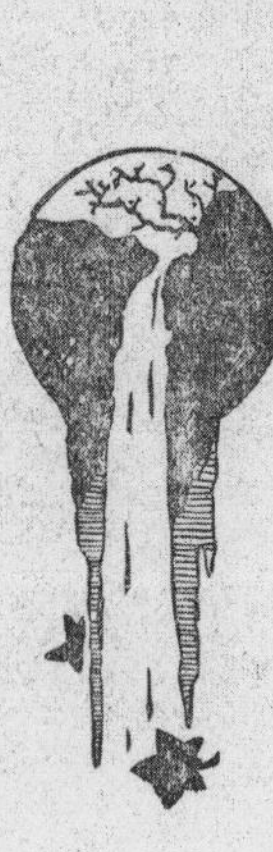

入選

高千穂峯登山

尋六　山下春喜

朝七時濱崎旅館を出發した。一行は神宮前を横ぎり山道にかゝつた。まがりくねつた道を通り途中しばらく休んで歩き出した。ちやうど水のない川近くにある茶店で休んだ。太陽はカン〳〵と照りつけ、まるで夏のやうだ生れてはじめて水を買ひ求めて飲んだ。錢を出して求めた水の味は如何にもうまい。いよ〳〵高千穂峯登山だ。目の前にそびゑて見える。途中すべつたりころんだりして、火口の近くについた此所からが一層けはしく難儀なのだ。もう先に五六人登つて行く。そのあとを追ふてやうやく一しよになつた。すべるころぶやつと火口の上淵に着いた。そこにはかめに似たかめ石といふのがあつた、火口の中ではいくらかの硫黄が白煙を出してゐる。頂上までは、もう少しだ、今度は川窪君と野村君と一しよに登つた。あせがたらだら流れる。せい〳〵いひながら登る。後から補習科の人が二人登つてくる。やうやく登り着いた、とう〳〵一番だつた。頂上には他所の學校の生徒が居た。小父さんから小刀にスタンプをおしてもらつた。そこで記念に寫眞をとつた。はじめはよく遠くが望めて景色がよかつたが何時の間にか霧がかゝつてきてあたりは何にも見えなくなつた。

評　うまくかけましたね。登る時の様子が本當によくわかる上に、山の珍しい事柄もわかります。旅行文は旅行しない人にも、旅行した人のやうな氣持を感じさせるやうに書くべきです。其の點から言つて此の文は大變佳いと思ひます。（原口）

高千穂登山

尋六　早川光男

霧島の川は水の流れてゐないのが多いと聞いてゐたが、行つて見ると、殆んどなかつた。私共修學旅行隊はいよ〳〵登山口についた。

目ざす高千穂峯はすぐ目の上にそびえて見ゑる。河原の茶屋で、しばらく休み、峯を仰げば赤黒のやうな岩石の間に緑草が點在してゐる。

今から此の山を登るのだなあと思ふと重たい足が一そう重くなつたやうな氣がする。

私も勇氣をふるひおこして登りはじめた。ちやうど馬の背越を通る時、はるか前方の下は宮崎縣であらう家が立並び田には稻が黃にそまつてゐるのがぼんやり見える。右下には噴火口が大きな口をあいて煙を出してゐる。左下には霧島名物のつゝじが行儀よく並んでゐる。

やうやく頂上まで達して、ほつと一息休んでゐるとどこからともなく霧が。おしよせるやうにやつて來た見る間にあたりは何にも見えなくなつた。たゞ下の方から勇ましく機關銃の音が聞えるだけである。私は此の霧には一時非常に心配したが霧もやうやく晴れたのでめでたく山を下りることが出來た。

評　簡潔にして要を得た文、着眼も表現も可。（原口）

修學旅行

尋六　野下　勇

待ちに待つてゐた僕達六年高等二年補習科の遠足の目的地は霧島地方であるとの先生の聲が僕の耳に響いた時の喜びはどんなでしたらう。そして期日は十二日からで十四日まで二泊三日だといはれた。其の日學校がひけるとすぐ家に歸つて父に此の由を告げると父は喜んで行く事を許してくれた。

僕はこれまで霧島には三度だけ行つた事があるが團体で行くのは今度がはじめてなのだ。それが何よりもうれしかつた。いよ〳〵十二日となつて朝七時五十三分吉利驛發の汽車で霧島地方へと向つた。途中國分の鹿兒島神宮に參拜、隼人塚を見學して午後一時頃神宮驛についた。汽車を降りて整列して旅館へと向つた。四時頃神宮前の濱崎旅館についた。旅館に道具をおいて再び整列して神宮へ歩いた。やがて石段の下へきたあたりには塵一つおちてゐない。

僕は嚴かな氣持で足を進ませた。第一の鳥居をすぎ少し登つて右に折れる。左側の方に社務所がある。又少し登つて第二の鳥居をくゞると間もなく拜殿の前に出た。此所で整列して拜禮をして社務所の前で記念寫眞をうつした。

秋の高山の夕景は何ともいへない雄大なものであるしばらくあたりを眺めて、宿についた時は、もう近邊は薄暗くなつてゐた。

評　書出しから父の許を受ける所まではもつと明瞭に書いてほしいと思ひます。後の方は、行つた場所や建物の名などは書いてありますが、その形や色や、大きさなどは殆んど書いてありませんね。こんな点に氣をつけて書くと、讀む人に修學旅行の様子がもつとよくわかります。(原口)

修學旅行の一節

尋六　今中精一郎

高千穗の峯を降りて大浪の池へと向つた。

我々一行は、草原を通り抜けて、やうやく池のふもとまでたどり着いた。つかれと日照りで一行は元氣もなささうだ。しばらく休んで勇氣をふるひ起して登山にかかつた。其の時案内者が「勝手に登つてもよろしい」と言われたので我々は喜び勇んですん〳〵先へ上へと登りはじめた。

やがて池の上淵に出たそれまでのつらさは筆舌にはつくされない程だつた。

山上の池をはじめて眺めて、その青々と廣いのに驚かされた。そこから四方を見渡すと廣々とした山又山で如何にも雄大であつた。

あたりの草木は未だ十月なのに早や紅葉し黄ばんでゐた「大分寒いなー」と感じた。

池の下淵までトロ〳〵と下りると、水面には木の葉一つ落ちてゐない「あゝきれいだ」と思はず叫んだ僕はさつそく手ですくひ二度三度つづけさまにのんだ。冷たくて何ともいえない味だつた。水筒に一ぱい入れて上ると上から、七八人の友達が僕達を見つめてゐたが急に水際の方へ走りだした。多分水をのみたかつたのだらうしばらく休んでゐると急に冷たい風が吹いて寒くなつて來たので一行は先生の指揮にしたがつて山を下つた。

評　きび〳〵した文章の中に、鋭い感覺の現れた文。大變良いと思ひます。然し山下君や早川君の文章と比較して讀んでごらん。どちらが霧島の氣分が出てゐるか。此の文は霧島の特徴が割合に書いてないでせう。(原口)

石

尋六　冷水繁

此の間のことである、僕が學校から歸る途中。ふと二三歩前に丸いころ〳〵した石のころんでゐるのに氣がついた。僕は何の氣なしに、靴でポーンとけつたら三四間先へてん〳〵ところんだ。止つてはけり止つてはけりずん〳〵進んで行くと、お母さんと弟が手車を引いてこられるのにひよつこり會つた。僕はお母さんに「ドケイッキャットナ」と尋ねたら「停車塲イ肥料トイニイット」とおつしやつた。お母さんは停車塲の方に、僕は再びさつきの石をけりはじめた、とても面白いので、ずん〳〵けつて行く中に煙草屋の前までやつてきた。すると前方から荷馬車が「ゴト〳〵」やつてくる、僕との距離が五六間にせまつた頃けつた石は運惡くも馬の方へとんだ。僕はハツと驚いて、しまつたと思ふたが石は幸にも。馬にぶつつかからず、車を通り拔けたので「あゝよかつた」とひとりごとを言ひながら、又けりはじめたが今度は水たまりの中にころんでいつた。仕方はない、もうこれまでだとあきらめて急いで歸つて見たら内の中はシーンとして誰がもゐない。だが牛が「モーン」とないてゐたので、まぐさをあたへているとお母さんが肥料を一ぱいつんで歸つてこられた。

評　一寸した題材、それをうまくとらへて書いた所良いと思ふ。石が道路の上を轉んで行く時の樣子、それをもつと明瞭に書くと更によい文になると思ふ。(原口)

一粒の砂糖と蠅

尋六　野村三郎

此の間僕が病氣で早退して歸へつた時であつた。母から床をのべてもらつたが、どうしても、ねむることが出來なかつた。ところがどこから、はこばれたのか、一粒の双目砂糖が床の前におちてゐた　それを一匹の蠅が舌の樣な、ものでなめてゐる。

僕はこれを、どうするものかと一心に見ていた。蠅は見ているのも知らないのであらう、一生懸命に、なめてゐる。

僕は目をはなさないで見てゐた　のだが何時の間にか目をはなしてしまつた。ほんのわづかの間であつたのだが再び先の蠅のゐた所を見た時は、どこへはこばれたのか、先きの砂糖も蠅もゐなかつた。

評　着眼は面白い。然し文は事實の記載に止まつてゐる。もつと君の感じ等を書くと深味を増すのだと思ふ。(原口)

入選

濱

尋六　坂口文子

ざざざ、ざざざ正午の波が岸に寄せてくる。今日はお母様、弟、私と三人でおむすびを持つて、濱に遊びに來たのだ。私と弟は、波に足をつけた。とてもいゝ氣持だ。弟に『きれいな砂ね。』と言ふと、弟は『うん、水もきれいだね』といつた。お母様は私達の方をぢつと、見ていらつしやる。『波つて大昔から、かうして引つ切りなしに寄せたり返したりしてゐるんだけど、同じ波つて一つも無いわね。きつと。』と言ひながらきれいな貝を一つ拾つた。弟はだまつて、こつくりをした。後をふり返つて見ると、二人の足あとがずつと長く、なぎさに續いてゐた。ひもじくなつたのでお母様の所に行つて、おむすびを頂いた。　をはり

昭和十一年九月二十二日　火曜　晴

評　自分の心持を一分の隙もなく描寫してゐる點感心しました。少女小説にでも出て來さうな場面、文子さんと弟の様子が、一幅の繪巻物となつて目の前に現れたやうです。(原口)

入選

弟

尋六女　辻スミ

十月十六日頃弟が入院したと手紙が來た時私の心のは、一時でも早く病院にかけていきたい程であつた。學校研究會があるので日曜日もろくになかつた。十一月八日の日曜日の午前訓練の練習をすませた。今日はみやうに弟の事が氣にかゝつてならなかつた。

急に滿富さんが「輝藏が來てをんさを」と言つたので、私は事の餘りに驚いて、門の處にかけよつて見たら、私の顔を見知つてゐたものか、急に私にだきついた。私も弟をなつかしさの餘りにだき上げて泣いた。涙の多く落ちるにつけて、弟のやせ衰へてゐる様を、見ては如何とも口に言葉が出なかつた。青ざめた顔には何時の間にか回復の色があらはれた。

弟は喜の餘りに私を引ばつて内へ歸ろうとした。私は弟の歩み出した、時にはつと氣がついた「あつ、弟はちんばになつたのか」と私は小聲でさけんだ。

弟は始め足にまめが出來て、其れにばいきんがはいつて、腸ようきん炎になつたのである。

「あゝ弟はかたは者なのか」なんと可愛想な事だろう。夢ではないだろうかと思つた。

「自分の身にくらべて見てこそ、始めて其のつらさが分かるのだ」と、私は一人で考へた。其の日は學校から婦るのが待通しかつた。其の夜父にたづねたら、「腸ようきん炎だ。びつこは治るかもしれん、」とおつしやつた。其の時始めて私の心はさつぱりとなつた其の時の出來事は、幾年たつても私にとつて忘すれられない弟との思ひ出となる事でせう。

評　弟を思ふ眞情が良く表現されてゐます。弟との面會の場面及び其の後の思ひやり多くの情の中に鋭い理智を加へた立派な文章です。(原口)

入選

防空演習

尋六女　禰寢　ケイ子

けたたましいサイレンのひびき。時をしらせる青年舍の鐘。今こそ、敵機の來る時だ。私はこんな事を思ひながら本當の戰爭の時を味はつた。本當の戰爭の時には、こうしてごはんもゆつくりとたべられず。寢ても寢られないおそろしさがあるだろう。

サイレンがなつた時、弟は私たちのそばに來て「ばくだんのおとしとけ」といひながらべそをかいた。おざしきに行つて見ると兄さん達は平氣で下をてらす電燈のかすかな光で本を讀んでゐた、お母さんはまだおきてゐて姉さんと、何かかたつて居られた。多分防空演習の、お話だつたろう。私はおくざて妹弟達と色々のお話等をしてゐたが。おばあさんから「あまり大きい聲で話すといけないから早く寢なさい」と言はれたので床をしいて一しよに寢た。

又再びサイレンがなつた。すると一人の青年の人が來ていろ／＼な事をしらせてくれた。夜中頃に目がさめた、又さき來た青年の人が「もうすみました」と言つて來た。しばらくするとお父さんも歸つて來られた

此の三日間の防空演習のおかげで、我々は十分に空の守りが出來だと言つてもよいぐらひである。

評　防空演習の夜のケイ子さん達の様子がよくわかります。書出しも良いし、家中の澤山の人々の樣子も、要領よく表現されてゐる佳い文章だと思ひます。(原口)

登山の土産話

尋六　池田　富美子

此處から山だといふ道には、大きな石がごろ〱しきゆうくつな所にさしかゝつた。一足二足と歩いて行くうちに、何時か廣々とした植物一つもないがけに來た。今まで汗だく〱になつて居たのも何處へか飛んで行つて、涼しい風がそよ〱と吹いて來る。下を見下せば、まるで海の中に、くらげがぴよつこり〱ういてゐるやうである。つえをたよりに登り始めた。始の中はさうにもすべらなかつたが、中ば頃になると、一足登りぞろ〱とすべる。又登るあちらでもこちらでも「あらよ〱」と言ひながらすべつてしまふ。それを面白がつて見てゐると又、自分もすべり落ちる。山の上を見ると白黒の入りまじつた人が一列にずうと並んで登つて行く。私はまだ今から二倍も三倍もある高い頂上へ登る事が出來るだらうかと思つたり、又、何せつかく何十里も遠く離れた吉利から來た事だからどんな高い所までも登つて見せるんだと思ひつゝ登つて行く。だん〱上に登る程輕石の大きなのがころがつて足が其の間にずる〱と入つてしまふ。かうして登つて行つた爲か、何時しか頂上が見えて來た。其の時つかれた足に二倍も三位もある元氣が出て、頂上目がけて一目さんに登つた。登りついたが早いか下を見た。まだ四・五〇人ばかりきついやうな足どりでやつとで登つて來る。今登つて來た山道が手にとるやうにはつきりと赤茶色にしれてゐる。見てゐる間もなく西から北へ北へと霧がかゝつて來て後には、山の頂上に白いまくをはつたやうになつてしまつた。自分は登つて來る時はあゝきつい登りたくないと考へながらも、一足〱登つて來たので、此の雲にそびゆる高千穗山へ登りついたのだ。今から何事をするにも、此の山に登る時の事を考へて何事も果さうと固く決心した。

評　長い文章が良くかけてゐます。（原口）

人の顔

尋六　北　三枝子

人の顔。皆それぞれちがつてゐる。まん丸い顔、角ばつた顔、鼻の低い人、高い人、目の大きい人、小さい人色々のちがひがある。又鼻の低い人は鏡で自分の顔を見ながら「自分の顔はもつと鼻が高かつたら」とつくづく思ふ人があるだらう。又「自分の鼻が高すぎる人はもう少し低かつたら」と思ふ人もあるだらう。目の大きい人小さい人皆自分の顔を見て、「もう少しどうにかなつたら」と思ふ人もゐるだらう。そんなに色々自分の顔に對していやな感じをもつ人は、賤しい人の樣に感ぜられる。又或人が或人の顔を見て「あの人は自分よりもずつと下品な顔だ」と思ふ人はなほ賤しい人の樣である。人の顔を見るごとに何か感じをもつがその顔に對して何とも思はない樣にしなければならぬと思ふ。

評　題材は面白いと思ひます。結語は此の文の生命とも言ふべき所三枝子さんの此の態度には私も贊成です。（原口）

食物

尋六　神川文子

食物が我々生物にとつて、切實な關係を有する事は言ふまでもない。食物の種類はいろ〳〵あるが一番きくものは、穀物及び野菜類である。之は、私共が朝晝晩と一日に三度食べなければならない食物であつて、私共にとつては恩人である。穀物類とは米麥あはなどで、野菜類とは、大根、いも、などであつて、これは人々がよく知つてゐるものである、又此のほかに、菓子類、果物類などがあるが、こんなのは、穀物類のやうに、毎日續くものではない。果物などでも、りんごなどは病人の爲によく、又おいしい味があるので、人々から好かれる。しかし、りんごも多くたべると、後には腹をこはす事がある。それよりも一日三度めしを食べた方がどれ位よいか知れない。私は時々毎日菓子を食べたいと間違つた考へを起す事がある。それを今更考へてみると、自分は我が勝手をしたと人から今言はれるやうな氣がすると共に馬鹿だなあと思つた。

よその叔母さん達が菓子を下さつても、これからは一番先に弟妹達にあげて、その殘りをもらはうと思つた。ざつしに、毎日々々何一つ食べないと、ひぼしになるとのつてゐて、その後の方には、可愛想な人の話ものつてゐた。それを讀んだのを、考へて見ると、自分達の幸福なのを有難く思ひ、又その人を可愛想に思つた。もう一ぺん食物の有難さをあぢはつてみよう。

編輯後記

原口　勳

吉利校發展の機運を踏臺に、二葉第三十九號が、豊富な内容と、著しい進歩とを示しながら生れ出ます。

昭和十一年！

それは吉利校史に輝やかしい榮譽を殘した年でした緊張しつゞけた一年間、苦闘しつゞけた一年間、そして吾々は報ひられた喜悦に浸りつゞけました。

昭和十一年！

もう、殘り少なになりました。こんな惠まれた年にもつと働いてみたい。之が私の心からの願でした。

さて、二葉第三十九號！

表紙は前號と同じく福元先生の御考案、「吉」の字の中に奉安殿と新校舍を配し、二葉の意味をも含ましてある秀れたものです。

期日には進んで御寄稿下さる校長先生、ニコ〱微笑みながら御投稿下さる諸先生方…… 編輯者として心から感謝してゐます。

綴方で長文が澤山集つた事は嬉しいでした。もつと要領よく記述してほしいと思ふものもありました。批評は誰が書いたか知りたいものですね。それで名前を記入して置きました。

詩歌壇は、本號も宇田先生に全部お願しました　益々冴えた御批評振です。先生の御指導によつて十分勉強して下さい。此の方面の努力は、どの學年も不足してゐるやうですから

昭和十一年十二月五日。

昭和十一年十二月十五日印刷
昭和十一年十二月二十日發行（非賣品）

發行所　日置郡吉利尋常高等小學校

鹿兒島縣伊集院町德重三五一
印刷人　本庄保

鹿兒島縣伊集院町德重三五一
印刷所　吉田印刷所
電話二八番

ふたば

46

昭和十七年九月

吉利國民學校

初二年

ひかうき

初二　なかゑ　さとる

ぼくがみづをのむ時ひかうきの音がするので、でてみるとゐません。それでぼくのうちの下の方で音がするのでかいだんをおりて行つてみると、とても大きいのでばんざあいと大きな聲をだしてさけぶと、どこかのおばさんが、でてきました。そうしてきくわんじゆうひのまる、人、まどが見えるので大へんうれしいでした。そうして家へかへるとちゆうまたひかうきの音がするのでいそいで行つて見るとあんまり大きくは、ありませんでした。そのひかうきはとびのやうにぐるぐるわをかいてゐました。それは向ふの、はまのへんでしてゐました。ぼくはまたばんざいばんざいといつてたんぼのみちをあるきながら見てゐるとへびが、ゐましたのでびつくりしました。そのひかうきはせんとうきかな、ていさつきかなと思ひました。今日はなぜひかうきがこんなにとほるのかなとかんがへながら、かいだんをのぼつて行きました。あのひかうきがおりてくればいいのになーと思ひながらまた水をのみました

旗ぎやう列

初二　村山順子

「そーら出來たよ。」とおとうさんがおつしやいましたので私はじむしつにかけこみました。私はおとうさんから日の丸の旗をもらいました。妹のみいちやんも走つて來ていただきました。うれしいなと、とてもみいちやんは喜びました。私はうれしくてたまらず「ばんざい、ばんざい」。として見ました。みいちやんも何べんもばんざい兵たいさんばんざいとしました。いよいよ旗行列の日私はうれしくて胸をどきどきさせながら學校へ走つて行きました。　みいちやんはうれしさうににこにこしながら手に日の丸の旗を持つてゐます。しきが始りました。校長先生が日本の兵たいさん

のえらいことを話して下さいました。私は心の中で兵たいさんほんたうにありがたうございます、どうぞさいごまで元氣でがんばつて下さい。私たちもきつと兵たいさんに負けないりつぱな子供になりますと言ひました。おぢいさんもおばあさんもおぢさんもおばさんも時にはおかあさまにかられた小さな子供も日の丸を持つてゐます。私は急に母のせ中に小さい手でふつたあの日の「日の丸を」といふ歌を思ひ出して、そろいと歌つてみました。旗ぎやう列がはじまると私たちは聲をそろへて大きな聲で歌を歌ひながらまはりました。手に手にかかげた日の丸の旗はとてもきれいでした。

濱に行つた事

初二　大富　優

僕達は、三時間目に五年生の女子と一緒に濱へ行きました。行く道が大變ぬかつていましたので、僕は、ぬかつていない所を走つて行きました。潟に近づくと、廣い田圃が見えました。僕は其の廣いたんぼの中を走つて行きました。濱についた時はまだ二三人しか來ていませんでした。だん〳〵下の方へ下りて行くと、大きな舟がありました。僕達は、其の舟の上で遊んだり一番高い處から飛び下りたりして遊びました。僕達は砂を深く掘つてクリークを作らうと思ひましたが止めました。そして小さい竹を持つて來て吹くと砂が盛りあがるのを作りました。それを一番高い處に持つて行つて吹きましたら、大砲の彈が續いて出る樣でした。あんまりよく出たので僕は嬉しくて〳〵どん〳〵吹きました。吹いただけでは、面白くないので人にひつかけましたら、人はあちらこちらに逃げて行きました。今度は北先生と僕達の先生が遊んでゐらつしやいましたので、僕は之はよいと思つて、そつと上の方へ行つて、砂をどん〳〵盛りあげて吹きました。砂の彈は僕達の先生の所に飛んで行きました。北先生の處までは行かなかつたので、今度は北先生の方に向けて吹きました。二人の先生は、とう〳〵逃げてしまはれましたので、僕達は其所へ「うわー」と言つて、場所を占領してしまひました。もう一度し樣と思つてゐましたら集れの笛が鳴りました。

初三年

ひつこし

初三　椨　陽子

いよ〳〵弘前驛を出る事になりました。

汽車に乘る時、私はせつかくなれた、お友だちとわかれたくは、なかつたのですが、お父様が「どうしてもわかれなくてはならないのだ。」とおつしやつたので、私はし方なくおわかれしました。

汽車が出る時、お兄さんは、わかれたくないのか、なみだを、ためて居ました。汽車に乘つてしばらくしてお兄さんに、おもしろい本を、見せてもらひました。

二日目の朝しんだいしつから、出て行くと、よその、おぢさんが「だれだ戸をあけるのは、さむいではないか。」とおつしやつたので、私はいそいで、しんだいしつへ、はしつて行きました。あとでお兄さんに「どうしたの夕べは。」ときかれたので、私は「しかられて來たのよ。」といひました。すると、お兄さんが「何であんなにたくさん戸をあけたの。」とおつしやつたので、私はだまつて居ました。それから間もなくひろしまの驛につきました。ひろしまの驛でありました。

そうして丸一りよくわんに、とまりました。

そのつぎの日の朝りよくわんを、たつて又汽車に乘りました。汽車にのつてから一日目のひる私は、あんまりつかれたので、ひる寢をしました。その時ゆめを見ました。私が、弘前でスキーに、乘つて居たら人さらひが來たゆめを見ました。人さらひが、私を、さらつて行かうとしましたので、私は足を、じたばたと、さしたものでした。それだつたので、私のこしかけて居た、所にあつたざつしが、落ちたので私は、びつくりして目がさめました。それから少したつとかごしまにつきました。そしていじゆういんにつきました。いじゆういんで、いなかの汽車にうつりました。いじゆういんから三十分汽車に、のると吉利驛につきました。汽車をおりると、よそのをぢさんが、來て居らつしやいましたので、私はお母さんに、「どこのおぢさんなの。」と聞くと「立宅道子さんの、家のおぢさんよ。」とおつしやいました。少しあるいて行つておばあさんの家へつきました。

をはり

昨日の汽車

初三　前田　マス子

私が、兄さんや　弟とまりなげをしてゐたら、かねてとちがつたやうな聲で、「ごー」。と遠くの方で音がします。すると兄さんが、「汽車だ。」とおつしやつたので、私と兄さんが、かけて行かうとすると、弟が、「ちよつとまつてよー。」といつて泣きさうな顔をしました。私は、「まつて居るから早くおいでー。」といひますと、ちよつこ〳〵と走つて來ました。私は、弟の手をひいて、畠の小道をかけて行きました。線ろ近くまで行くと、兄さんは、「早くおいでー。」といつて手をふられました。線ろまで行つたら、少し汽車が見えましたので、弟がうれしさうな顔をしました。汽車は見る間に、大きくなつて來ます。汽車は白い煙をはいて、こちらへやつてきます。しばらくすると「ぽう。」ときてきをならしました。汽車は見る間に大きくなつて、目の前に來ました。きくわん車に乘つて居られた、うんてんしゆさんが、手をふられました。そのつぎに、ざいもくをつんだきくわん車が通りました。そのつぎに、お客さんの乘つて居らつしやる、きくわん車がつゞいて居りました。何となく私たちは「ばんざい。」と三人一所にさけびました。すると、思ひがけなくも、兵隊さんが乘つて居らつしやいました。兵隊さんは、にこ〳〵しながら。私たちに向かつて、旗をふられました。私たちも又、「ばんざい〳〵。」とさけんで手をふりました。兵隊さんもにこ〳〵しながら、「ばんざい〳〵」といつて、旗をふられました。

私たちは、汽車が見えなくなるまで、いつまでもいつまでも。見てゐました。

私たちは汽車が見えなくなつてから、しばらくじつとしてゐました。そして、「あれはどこの兵隊さんだつたでせうか。」と兄さんへ聞きましたが、兄さんも、知つてゐらつしやらずに、だまつて頭をかたむけられました。あとで、私は兵隊さんをのせた汽車はちがつた音を立てるやうだと、思ひながら、又三人一所にかへりました。

梅の花

初三　中原達子

寒い冬も過ぎて、春になつて來ましたので、私の好きな梅の花が咲き始めました。梅の花があんまりきれいなので、おかあさんが、とこ樣に花いけをなさいます。私は、じつと見つめてゐます。花は風が吹く度にひら〳〵、ゆれて落ち、まるで雪の降るやうにちります。梅の花が咲いたので、うれしさうに竹やぶのすずめや、はなしが、ちゆう〳〵鳴きながら、梅の木にすずなりになつたやうに、とまつて居ます。私が石をなげたら、「ばつ」と、一度に、とんで行つてしまひました。私は、梅の花が、ちるのを見て、「おしい事をした、あんなにきれいな、花がちつてしまふ。」と思つて、すぐ庭にとびおりて、おちたのを、よせ集めて、ざるに入れてとり、ままごとあそびにつかひました。花ばちの上にも石垣の上にも、まつ白に落てゐます。まだつぼみでひらいてゐない花もあります。私はひらいてゐないつぼみの花を見て、早く「あのつぼみがひらいたらよいのに。」と毎日思つてゐたら、やつと、ひらいてきましたので、ほんとにうれしいでした。私はあんまりきれいなので、おゑんに出て、梅の花の方を向いて、梅の繪をかきました。家の坊やも、うれしさうに、天氣のよい日は、毎日、庭に出て、梅の花でままごと、あそびをしてゐます。ほんとに、うつくしい梅の花です。梅の木の下であそんで居ると、風の吹く度に、あたまの上に落ちて、來ますので、坊やが、「又、梅が落て來たよ。」と、いつて笑つて逃げます。春雨が、しと〳〵とふり、その雨あがりに、お日樣がてりだしたら、朝日に輝いて、しずくがぴか〳〵と、光るのを見て居ると、きれいにも、あれば、おもしろくもあり、何とも言へないです。きれいなきれいな梅の花です。

思出の山

初三女　瀬野シヅ

私は小さい頃、お母さんについて時々お山へ行きました。お母さんが、坂を上られる時、私もあとからついて、ゆきますと、お母さんが、「ついてきますな」、と叱られました　行きたくてたまらないので、聞かないで、ついてゆきましたら、せまい坂道で、すべりました。お母さんが「やつぱしきかないでついて、くるからだよ。」と笑ひながら、おつしやいました。「せつかく、上つてきたもの。」と私が言ましたが、お母さんが、「下りなさい」、とおつしやつたので、下りました。私が、下りてじつと、上の山を見てゐると、お母さんが汗をながして、せつせと、薪を集めて、いらつしやいます。私は立つて、じつと見てゐる中に、私も、お手づたひをしたくてたまらなくなつてきました。私は又坂を上つて行かうとしたので、お母さんが又叱られましたが、私はやつぱし上つて行きました。そして薪をとつてゐると、目をとがつた木の先で、うつたので、「いたい〳〵」。となきました。するとお母さんが來て、「どうしたの。」とおつしやるので、しばらくしてから、「この木で目をつきました。」と言ました。そして、お母さんは「すぐかへるから、下へ下りて、切株にこしをかけて居なさい。」とおつしやつたので、下りて切株にこしをかけ居ました。するとお母さんが、下りて、私のところへよつてこられました。じつとしてゐる中に、私の目はなほりました　それから、お母さんが「雨がふりさうだから、早く薪をひろい集めなさい、お母さんがくるから。」とおつしやつたので、手早くあたりの　薪を拾ひ集めるとお母さんがくつて下さいました。かへる時、お母さんが「目をついたり、すべつたりしたけれども、少しでも、内の薪がたくさんになることだね。」とおつしやいましたので、その時はほんとに、うれしくてたまりませんでした。あのけわしい山、又少し下の、こしかけた切株は、今も　やつぱしあのままであらうかと思ふと、なつかしいです。

小さい頃の思出

初三　假屋崎　ヨリ

私が、小さい頃お父さんやお母さんが山に行かれると私もついて行きました。或日のことです。山をこえこえして行きましたが急にお父さんがそこでおとまりになりました。そしてそこの山をあちこち見られました。私がお父さんに「内の山はどこですか。」と聞くとお父さんが「内の山はこゝだからこちらへはいりなさい」とおつしやいました。私はお母さんと内の山へはいりました。さうして私がお母さんに「大きい木があるね」といひますと。お母さんは「ほんとに大きい木ね。」とおつしやいました。すぐお父さんもこられました。さつそくお父さんとお母さんは切り始められました。お父さんもお母さんも、につこりしながら切つていらつしやいました。私はあんまり、よい所だつたので、あちこち見まわつていたら、だんだんとむかふの山おくへ行つて居ました。そして畠が出て來ました。私はお父さんやお母さんたちの木をきる音もすがたも聲もわからなくなつたのでしんぱいして、又だん〳〵今、來た方に木やぶを見分けながら行きますと、お父さんやお母さんが薪を車につんで、かへる仕度をしていらつしやいました。私はその所を見てたまらなく、うれしくよろこんでかけて行きました。さうしてお父さんやお母さんが「どこにいつてきたの。」とおつしやいましたので「あそこのおくは、ひろい畠だつたよ」と言ふ。「ずいぶん遠くまで行つたね。」とお父さんがおつしやいました　さうして私が「もうつかれた。」と言つたら、お父さんが車に私をのせてくださいました。だんだんと山をおりて内へかへる事になりました。私はきれいなすがたの山が見えた時「ばんざいばんざい」とさけびました。さうしてお父さんが「そんなにあばれるとおちるよ。」とおつしやつたので私はしづかにして、ひもにじつとつかまへてかへりました。かへつてからおとなりのおばさんが「おふろにはいりなさい」とおつしやつたのでうれしいでした。さうして薪を内にいれておとなりへお母さんと一しよにおふろに行きました。おふろをすまして夕ごはんはほんとにおいしいでした。一日の出來事をおもしろくお話してからゆつくり休みました。

しやぼん玉あそび

初三　川崎　ミチ子

此の間の日曜日、私は、あつ子ねえさん、すみ子ちやん、よう子ちやん、たちとしやぼん玉を、してあそぶことにしました。竹がなかつたので、庭をのぞいて見たら、はらんがあるのに氣がついたので、すぐ、おりて行つて切つて來ました。さうして、自分の物は、自分でみんな切つて、くる〳〵とまいて、それを、竹のかはりにしました。それから、水をお茶わんに半分ぐらい入れて、せつけんの小さいくづを、二つ入れました。こんどは、木の枝を切つて來て、お茶わんにつけて、せつけんに、つきさし、一生けんめいに、まぜました。きれいな、まつ白いあわがお茶わん一ぱいになりました。いよ〳〵さき、作つた、まるくしたはらんを茶わんにつけて、上をむいて、「ぷうつ」。とふいて見ました。大きな大きな、しやぼん玉が、たくさん出ました。あかちやんは、おかあさんに、だつこされて、見て居ます。赤ちやんは、えみ子といふ名前ですえみ子ちやんは、しやぼん玉にまるい手をかけて、かはいらしく、わらつてよろこんで居ました。私たちはおもしろくなつて、とび上つたり、「うわーあ。」と、こゑを出して、さうどうをしながら　しやぼん玉をしました。すみちやんやよう子ちやんたちは、出來ないのでじつと、目をぱちくりさせて、見てゐました。私たちは、しやぼん玉が飛んで行くのを一つ〳〵目をつけて、見てゐました。或一つのしやぼん玉、をりから吹いて來た風にゆられて、「ぱつ」と、消えてしまひました。外のべつなのは、風が吹かなかつたので　どん〳〵空へ空へと、飛んでいきました。妹たちは、大そうよろこんでわあ〳〵さけんで見て居ます。えみ子ちやんもよろこんでわらつてゐました。後になると、妹たちが「わたしにもわたしにも」と、いひだしました。わたくしは、妹たちにやりました。

よう子ちやんたちは、自分でした。しやぼん玉がよくあがるので、とんだり、はねたりしてよろこんでゐます。いつまでもあきたらないおもしろい〳〵、しやぼん玉あそびだ。そうして、ゐる中に、夕日は西の空にちら〳〵かがやいてゐた。

シンガポールがかんらくした喜び

初三男　川窪巧伸

僕が、ラジオを聞いて居ると、とつぜん「シンガポールがかんらくしました。」と言ひました。僕は、飛び上つて、喜びました。あんまりとんだので、ねて居る赤んぼうまで目をさまして、なき出しました。僕は「しまつた。」と、思つてねかしました。が、なか〳〵ねません。僕は、ほつたらかしにしてをきました。あとでそつと來て見ると、すや〳〵と、きもちよささうに、ねて居ました。

さて、兵隊さん。そちらは大へんあついとでせうね。ばくげきたいが、ばくだんを、おとして、もえ上がらせた敵の、ガソリンタンクが、ものすごい勢で、もえて居て、かほも、やうふくも、しゑんでまつくろけになつて、いらつしやることでせう。僕の、おぢさんも一度シンガポールへ行つたことがあつたさうです。あそこは、米、えい、の一ばんたいせつと言つて、よいくらひ、よいところださうですね、そんなに大切なところだからこそ、りつぱな、軍かうを、つくつたのにちがひないと思つて居ます。敵は、トーチカやざんごうを、いくかさねにも、つくつて、皇軍に手むかつたことでせう。一ぽ敵のじん地に、とびこめば、すいくわのやうに地雷がうめてある。またすこし行くと、電氣の、つたはつて居るてつでうもうなどたくさんしてあつたことでせう。そんなところを、ものともせずにつきすすんで行たからこそ、シンガポールをせんりやうしたのだと私は思ひます。つづいて名前も、シンガポールと言つてをつたのが、今では、ひら〳〵と日しやうきがひるがへつて居る昭南島とかはりましたね。僕は、シンガポールが、かんらくした喜びに、心をこめて、かんしやの手がみを出しました。僕は、早くシンガポールへ行つて、をられる兵隊さんから　へんじのくるのを、たのしみにして、まつて居ます。

シンガポールがかんらくした喜び

初三　上熊須　智

朝、庭をはわゐてゐると「シンガポールがかんらくしましたから、すぐこつきをたてゝ下さい」と、しらせが來たいで、ぼくは「もうをちた、早くおちたな、にうぢようしきは、いつだらう。」と思ひながら、おかあさんにしらせますと、おかあさんは、につこり、うなづいて「シンガポールが落たの、よかつたね」とおつしやつただけでだまつてしまひましたので、ぼくがおかあさんに「どうしたの」と聞くと、おかあさんは「いまへいたいさんがすすんでいるところはあついあつい南のほうにすすんでゐるのです。へいたいさんは、ぼるねをからすすんだでしよ、そのぼるねをには大きい川や大きい山がたくさんあるのです。だからへいたいさんは、ほんとうにくしんなさつたでしよう。むかしからある七南几ぎといふことばがあるでしようへいたいさんは七南几ぎにかつてシンガポールのちかくに來たのです。だけどシンガポールのしまは、せかい一といはれるぐらいのようさいをつくつてゐるのでいくらつよい日本のへいたいさんでもうつかりせめられなかつたのです。日本のへいたいさんはこの時こそてんのうへいかにちゆぎをつくすどとばかりにどつとせめよせました。英のへいたいはおどろいて大ほうやきかんぢゆうをあめあられとうつてくる、けがした人が大くさんゐたでしよ」とおつしやつたのでした。その時まんしゆうから本がおくつて來たのでみますと、あめあられとどんでくるなかを日本のヘイタイサンがすすんでいくところ、とーちかからきちがひのようにひをはくきかんぢゆうの口を一人のへいたいさんが口へ、からだをひつけてみごとなせんしをとげたことやいろいろへいたいさんがくしんしてゐるゑを見ますと一人であたまがさがつてくるようにかんしやしました

ヘイタイサンバンザイ

貝取り

初三男　諏訪兇　喜三郎

僕は三日つゞけて貝取りに行きました。私は今年になつて、始めてのことでした。さいしよの日は、にいさんと、私と、ともだちと七人で行きました。行つて見ると。川の口には、をぢさんたちや、をばさんたちが大ぜい集つて川ぶしんをしていらつしやいました。私たちは、それを見て居ましたが、やがて海の中にはいつて貝を取り始めました。始一つとつていたら友だ

ちが、おれも一つとつたよと言ひました。行つてから三十分ばかりたつと小さいてごの、はん分ばかりとりました。にいさんは、もう三十分ばかりしてかへらうと言つたので。ぼくたちはそれに、さんせい、しました。それから、すぐ大きい「したけ」がとれました。そしてもうかへらうといつたのでかへりました。

かひがら拾ひ

初三男　新冨俊輔

僕はこの間北君と二人で、海に行つた。海岸の上であそんで居ると、北君が「かいがらを集て、學校にかいがら、さい集をしてださう。」といつたので、僕はさんせいして「ひろはう。」といつた。

それから、かいがらの所へ行つた。「だれが一ばんきれいなのを拾ふか、きやうさうをしよう。」と又北君が言つたので、きやうそうをはじめた。僕は一しやうけんめいに、波の打ちよせて來る所で、拾つて居ると、波がざあつと來たので僕は、びつくりした。海の向を見て見たら、いつの間にか、夕日が海の向にやすらかにしづみか丶つて居た。しばらくすると、北くんが「もう、夕日もしづむからもうやめて、すなはらの上に上つてだれか一ばんきれいなのを拾つたかしらべて見よう。」と言つたので、上つて行つて見て見たら、僕が大きなみどり色や赤色がついて居て、ゐにかいたやうな美しいのを、拾つて居たのでうれしくてたまりなかつた。

かへる時には、おもしろかつたことや、たのしかつたことを、かんがへながらかへつた。北君がかわいそうだつたので、少しわけてくれたら、「ありがたう」。と言つた。

かへつて居るとおばあさんが「おふろはわいて居るから、早くはいりなさい。」と、おつしやつたので、「はい」。と言つて、はいつた。それからばんごはんの時には、おもしろかつたことや、たのしかつたことをはなして、あげた。

つくしとり

初三男　松薗昭一郎

今日は、妹と弟と、私とつくしをとりに行きました。野原にには一めんにつくしが、生えて居ました。私は弟のげたの、はなをが、切れたので、すぐ、たてゝやりました。さうして、三人で何本か、とつてゐるとき私の前をかへるが、ぴよーんと、飛んで行きましたので、私が、妹と弟に、かへるが飛んで行つたぞ。と言ひました。すると二人がすぐつくしを、おいて、走つて來ました。弟が、どこだ、どこだ。といつてかへるを、追ひかけて、行きました。けれども、すぐかへるは、水の中に飛びこんでしまひました。さうして又つくしをとりはじめました。しばらくして、つくしをとつた時に、私が、みんなで、何本、とるか、一ばん多くとつた人は、私がからつてかへるから。と言ひました。二人は一生けんめいになつて、つくしをとりだしました。そのうちに二十五せんちぐらゐのつくしを見つけましたので、私は妹と弟に、これを、あげやう。と言つたら、二人が、うん、うん、といつて來ましたた私は、それならじやんけんをして、かつた人にあげやう。といつたら、二人が、よろこんで、じやんけんをしましたら、妹の方が、かちました。妹は、かみをしました。弟は、いしをしました。妹の方がかつたので妹に、長いつくしは、あげることになりました。さうして、又た二人がつくしをとりだしました。しばらくすると、弟があつた、あつたと言つて、二本長いのを見つけましたので、私が、見せてみなさい。と言ひました。すると長いのを二本、弟が見つけて居ました。しばらくして、集れ、と私がいひました。二人が、つくしをたくさん手に持つて、走つて來ました。さうして、どれだけとつたかを、たづねました。すると、二人が、かう言ひました。妹のをかぞへてみたら、百二十八、弟のをかぞへて見たら百三十二つくしをとつて居ました。私は百二十六でありました。かへりにはやくそくしてあつた、からふのは、弟になりました。そこで、重い弟をからつて野の小道を並んで、あいばしんぐんかを、三人でいつしよにこゑをそろへて、うたつてかへりました。

初四年

僕等の先生

初四男　大迫徹郎

僕たちの先生は増森先生です。今年の四月に吉利の國民學校にお出になりました。さうしておいでになつたあくる日から僕たちをおおしへ下さいました。僕は僕たちの先生がおいでになつた日から「僕らの先生はおもしろい人だなあ。」と思ひました。僕の思つた通り僕等の先生は大へん面白い人であり、又大へんやさしい人です。けれども時には大へんおおこりになる時もありました。僕は僕らの先生を大へんやさい人だと思つて居るので先生のおつしやる事が、よくわかります。僕はこの増森先生について一生けんめいに勉強しやうと思ひます。

私はえんぴつです

初四　大野エミ子

私はみつぼしえんぴつです。

暗い箱の中にしまひこまれてゐる私。暗い箱の中が靜かである

みんな眠むさうに目をこすり〳〵してゐるところにがら〳〵と戸をあける音がして今まで眠むさうな目をこすり〳〵して居た友達の人々はみんなあつとおどろいて、ふと目がさめてしまつた。

さうして、かはいゝ譲ちやんと、譲ちやんの内のお母さんと二人はいつて來ました。

しばらくあちこちを見まはしてゐましたがやがて私達のみつぼしえんぴつを見つけて、お母さんあのみつぼしえんぴつをかつて下さいといひました。私は胸がどき〳〵して來ました。私でなくて友達の人であればよいのにと一人で思つてゐました。さうして、えんぴつだなあけて私をとりだして、あたひはいくらですかとおたづねになりました。さうして、店屋のをぢさんが一本五錢ですとおつしやいました。それなら、譲ちや

んが今日のしけんが百てんだつたからかつてあげませうといつて私をとりだした。

私は譲ちやんのかはいゝ手の平にのせられて外へ出ました。

内にかへつて私をけづりはじめました。私はいたい〳〵といつて泣きたかつたががまんしてゐた。

春ををしむ

初四　田村厚子

私したちの一年に二どとない一番すきな春も、も早すぎて、いつのまにか夏が近くなつて來た。それを思ふとなんとなくなつかしい。

でもあの暑さにまけないで長い、暑い日に一生けんめい、あせ水流してはたらいてゐるのを思ふと、なんとなく春の事が思はれて、春はとてもすずしい季節ですから働いた事などが目に浮んできた。でも四月ですから櫻の花や山の青々とした葉が山一ぱいさきつづいています。それを見ると、もう一どの春の事を思ひますと、私しの心はなんとなくうれしくなつて來た。

そんなにいろ〳〵の事を心の中に考へると、春はことりや、ひばりが空高く歌ひながら、なんにも思はないやうに、飛んでいます。

私たちはそれを見て、しごとなどをすると、一つもつかれません。

らい年の春よ早く來てくれ、私はまつています

あゝなんとなくすずしい春よ。

朝ねぼう

初四　北　ヨシ子

夕飯をすました後のことだつた。

お母さんがおつしやるにはちかごろ芳子は大へん「朝ねをすいごつなつたね」とおつしやいました。

私はべんきやうをしながらだまつて聞いてゐました。

やがてはらがたつてきた。明日は五時におきてみせると思つてとこにもぐりこんだ。

その事をあまり思つてゐたのかその晩はゆめをみた。

さうしてひよつこり目がさめた、時計を見たら一時半であつたので又ねむつた。あさは五時におきた。

初五年

大東亞戰爭の始めをふり返つて見る

初五　楠　義寛

學校へ行く用意をして、僕はこたつにあたつて居た。其の時、かけ放しのラジオの音樂が止んで七時四十分のニユースになつた。ラジオは「大本營陸海軍部發表」と二度くり返した。僕は、はつとした。日米關係はいよ〳〵惡化して、きつと、此の日が來るだらうと思つて居た矢先なのだ。續いて「帝國陸海軍は、本八日、未明西太平洋において米英兩國と戰鬪狀態に入れり。くり返します。帝國陸海軍は……。」と放送員の聲は一言一句力強く、くぎりながら、嚴然と言ひ放つた。僕の思つた通りだ。直ぐ朝刊を見たがまだ其の事は出て居なかつた。たゞ「一億のふんげき、絶頂に達す。」と此の事を裏書する事が出て居た。僕は客間へ入り、神様に御祈りを捧げた。しばらくして登校時間になつたので、家を出た。いつもの朝より皆が緊張してゐる様に見える。教室へ入ると、あちらこちらにかたまつて、日米英戰爭の事を、話し合つてる、まるで世界地圖と、にらめつこだ。話の切目がつくと、一かたまりづつ運動場へ出て行く。朝の朝會の時校長先生から大東亞戰爭のお話があつた。一時間目の、じぎやう中に時々、大東亞戰爭のニユースが入つた。三時間目が終つた時、佐藤先生が「みんな急いで、工作道具をしまつて、こちらへ來い。」とおつしやつた。僕達は、先生の後について校庭へ行つた。戰爭のニユースらしい。初等學校はもちろん全校生が集つて居た。やがて玄關にラジオがすえつけられた。冬の暖い日が僕等の背を照らす。あつちでも、こつちでも、戰爭の話をして居る。十一時半僕等は、ラジオの前に集つた。すると「大本管海軍部發表。帝國海軍はハワイ方面のアメリカ艦隊並びに航空隊に對し、決死的大空襲を決行せり。」皆がわつと言つた。ハワイ方面と言ふ言葉に驚いたのだらう。しかし僕は、嬉し涙がわいた。「あゝ日本海軍は、やつぱり強い。」ラジオは又續けた。「大

郵便はがき

料金受取人払郵便

鹿児島東局
承認
300

差出有効期間
2027年2月
4日まで

有効期限が
切れましたら
切手を貼って
お出し下さい

892-8790

168

鹿児島市下田町二九二—一

図書出版
南方新社 行

ふりがな 氏　名		年齢　　歳
住　所	郵便番号　　—	
Eメール		
職業又は 学校名		電話（自宅・職場） （　　）
購入書店名 （所在地）		購入日　　月　　日

書名　(　　　　　　　　　　　　　　)愛読者カード

本書についてのご感想をおきかせください。また、今後の企画についてのご意見もおきかせください。

本書購入の動機（○で囲んでください）

A　新聞・雑誌で　（紙・誌名　　　　　　　　　　　）
B　書店で　C　人にすすめられて　D　ダイレクトメールで
E　その他　（　　　　　　　　　　　　　　　　　　）

購読されている新聞，雑誌名

新聞　（　　　　　　　　）　雑誌　（　　　　　　　　）

直接購読申込欄

本状でご注文くださいますと、郵便振替用紙と注文書籍をお送りします。内容確認の後、代金を振り込んでください。（送料は無料）		
書名		冊
書名		冊
書名		冊
書名		冊

本営海軍部發表其の一、本日未明上海において、イギリス砲艦ペトレルを撃沈。アメリカ砲艦ウエークは、同時刻我に降伏せり。」其の外シンガポール、ダバオ、ウエーク、グワムの爆撃をつぎ〳〵と傳へた。僕は、これで本當に息をついた。萬歳をしたい程だ。ニュースは終つた。すると、校長先生が聲高らかに、「午前十一時、宣戰の大詔あり。」とおつしやつた。あゝとう〳〵戰爭になつた。日米英戰爭は大東亞戰爭となつた。僕等は此の敵國を、やつつけて大東亞永遠の平和をうち立てなければならぬ。

翼賛農場の開墾

初五　前田實穂

眞夏の六月北區にある、鬼宇都池のそばにある、あれ地を開墾することになりました。そこで、開墾の道具を持つて來てどんな物でも掘とげようとかたく決心して勇んで開墾地へ急いだ。其の荒地は、すゝきが生えた、一面の野原だ。これを立派な畠にするには並大ていの仕事ではない。出來さうでないと思つたが、なにくそこの大勢の人手でこのくらいの事が出來ないものかと思つていよ〳〵すゝきと戰ふことになつた。僕は山くわを大きくふり上げて打下した　一くわ、二くわこんきよく草の根を掘つた。日よけ帽子の下からあせ玉がぽたり〳〵ながれ出る。皆も一生懸命だ、皆砂ぼこり、汗だらけだ。一くわづゝ掘取る度に蔣介石の首をとつたと兩側の人たちとかたりながら愉快に耕して居るうちに休憩があつたのでそれ〳〵別れました。僕は池のふちにこしかけて青々とした池を見てゐるうちにだれかが「泳ぎたいな」といつたので皆も次ぎ〳〵にこう言ひました。そのうちに高等科の女子たちが水を持つて來たのでわれ先にとその水をめがけて行きました。僕も飮みましたがそのうまいことは何ともいへないぐらいうまいでしたので見る間に飮みほしてしまひました。合圖によつて皆は又一せいに開墾にとりかゝつた。僕達の一くわ〳〵が國の御役にたつたのだと思ふと、とても愉快であつた。

運動會

初五男　坂口文夫

皆で待に待つた運動會もいよ〳〵今日となつた。開會のあいさつがあると共に皆一せいに見學の場所に走つて行つて腰をおろした。

二年生の徒歩から始つて、次々に進んでとう〳〵僕たちの番となつた。ボート競走であつた。級長の井上君にしたがつて、もんぺいを着て服さうをとゝのへてから皆一しよに足をそろへて走つて行く時におばあさんやをばさん方が大聲で笑はれながら手をたゝかれた。僕たちの組は七名であつたが皆元氣さうな人々ばかりなので、よし今度は一つがんばつてみるぞとこぶしを固くしめた。やかて山下先生がこられてあいづをせられた。皆はあいづと共に一度に出發した。ぼーとはわらを固めた物に腰をかけて足で動かすので足も大分つかれたが、汗をたら〳〵流しながら皆力を合せてふんばつたので僕たちの組はとう〳〵二番めになることが出來た。皆ふう〳〵なつて汗をながしながら原口君はかん野君とそうどうをしてゐた。

やがて二番目の船頭さん競走が始つた。

船頭さんの競走は二人が棒をかついで其の上に立つてみのを着て棒の上にうまく落ないやうにして早く廻つて來るのが勝ちであつた。

僕は其の時一ど落てしまつた。

原口君が何度も落るので僕は心の中であゝ落なければいゝがなーと、早くすれば僕たちの組が勝つのにと僕たちは三番にようやくなることが出來た。

僕たちは又元氣よく見學の場所にひき反へした。

動物園

初五　松村優

秋の日がじり〳〵と照つけてゐる。その光をうけながら動物園の中にはいつて行く、第一にこひが居る、長さは六十糎ぐらいで太さは二十糎ぐらいだ。いかにも元氣さうに泳いでゐる。時々日光を受てぴか〳〵と光る。次の所はさるが居る。さる三匹がかなあみで、おつかけこをしてゐる。其のさるが僕の前に來た時、僕がわんと言つたら、いかにもびつくりしたやうに逃げて行つた。そのかつかうがいかにもおかしかつたので僕は笑ひだした。　ぶらんこに乘つてあそぶものもある。其のこつけいな有様を見て、皆が笑つてゐる。「僕がお父さんにくまの所へ行くから」と言ふと、お父さんもさるを見るのをやめてくまの所へ行つた。くまは大きな、口をあけて、かなあみに口をあてゝゐる風呂のやうな物に水をいれた物にくまがはいると、ふちから水がこす。隣には、くじやくがゐる。小さい體をしてゐるが、尾は實に長い。じつと見てゐると、くじやくは何を思つたのか木の上に乘つた。するとくじやくは、ぱつと尾を廣げる。その美しいことは言ふ事は出來ない位だ。次は大きな體の象だ。あの大きな體でよた〳〵と前後へ行つてゐる。時々鼻を卷いて鐵のかこいをたゝく。後足一本はかなくさりでくゝつてある。ざうの口はへびの口ににてゐる。開いたり閉たりする。ざうに耳は非常に大きい。時々耳をうごかす。ちやうどあふぎのようだ。最後にライオンの所へ行つた。ライオンは大きないびきをたてゝねむつて居た。さすがに百獸の王だけあつて、強さうに見える。此の隣にも、さるどもが愛きやうよくはねまはつてゐる。秋の後はまだ暑い。汗をふき〳〵動物園を出た。

春

初五　鳩野　ミツ子

南國の春が來ました。そよ〳〵と吹く氣持のよい風にあたゝまつた草や木などの芽もだん〳〵芽を出して來ました。又梅の花も散つて綠色の葉を出して來ます。春になるといろ〳〵の物がいき〳〵と芽を出して來ます。何といつても私は春は大すきです。又いろ〳〵の花も咲き出し庭の柳も何時の間にか芽を出しました。家にちゞこまつてゐた物も今は春だといつて外に出て遊んだりしてゐます。もう卒業式も近づきました。私たちはもうすぐ六年生になれるのです。春の日に雨が降つたので外に出てみたらもう木や草などはいき〳〵と芽を出してゐました。野原に出て見ると、もう草や木などは綠色のきれいな〳〵草木になつてゐます。道を見るとれんげそうやきれいな花などがさいてゐます。今までかれて、しよんぼりとしていた枯草などはいつの間にか芽を出してゐます。田んぼに出て見ゐるとおぢさんやおばさんたちは田んぼに出て麥の中うちなどをなさつてゐます。朝おきてみたら、うぐひすが梅の木でホウホケキヨといかにもきれいな聲でないてゐました。姿は見えませんでした。

滿洲歸り

初五　窪　友子

汽車は勢よく牡丹江を發車した。もうお父さんとおわかれしてお母さんとしかあへない。それはほんの少しだけれど一人少なくなるとやつぱりさびしい物だ。いつの間にか汽車はつぎの驛に來て居た。その日にとまる所は「ともん」といふ驛だつた。汽車が通はないので「ともん」にとまるんだそうだ。旅館にとまらうと思つても旅館はぎつしりつまつてゐると旅館の人がいひました。驛の人にたのんで學校の講堂にとまる事になつた。その日はとても寒かつたので弟達は「えーん〳〵」と泣いてばかりゐた。その晩はとても寒かつたので、もつてゐる物はみんなかぶつた。朝、目がさめてみるとき講堂の中はぎつしりつまつてゐた。朝は四時半頃におきてまた驛に行くのだそうだ。學校を出る時は大さわぎです。朝鮮人や日本人などが驛の人におこされたりして學校をたつた。今度はせいくわんしらべをしなければならない。「砂糖」や「もめんのきれ」やこんな物をもつてゐる人はせいくわんの人から取られるのだ。私達は何も持つて居なかつたので、すぐしらべてもらつて汽車に乘つた。乘つてみると弟がお母さんのかさをもつて居たのに弟はかさをもつて居なかつた。お母さんはすぐ汽車からおりて、せいくわんしらべの所へ行つて見たが、なかつたといはれた。いつの間にか汽車はともん驛を出發した。どう〳〵といくつかの驛をすぎて京城驛についた。京城驛におりたらすぐ汽車が來た。そして乘つて見たらぎつしりつまつてゐた。私たちの近くに兵隊さんがあなた方は子供が多いから私たちがつぎ驛でおりますからこのあとにいらつしやいとおつしやつた。日本の兵隊さんはとても親切な人だなーと思つた。その隣のせきはみんな兵隊さんがいらつしやつた。お話をしてゐる間にもう釜山についた。釜山についたのはもう晩だつた。その時はとても人が多くて一列にずつとならびました。あんなに長くなつたのを見た事がなかつた。船に乗つてもすわる所はとてもこんで居た。船の中で、今夜をすごすのです。とてもこんでゐたけれど、どうにかしてゐる事が出來ました。目がさめて見ると下關にちかづいてゐた。朝よういをしておつたら下關についた。下關から門司まで十五分ぐらひのる船があつた。その船はもうたつてゐてもすぐ門司から急行で鹿兒島へ歸るのだつたけれど船から荷物がこなかつたのでふつうの汽車で歸つた。汽車は鹿兒島へ／＼と行つた。

戰地の兵隊さんへ

初五　立　宅　よし子

戰地の兵隊さん。元氣でお戰ひの事と、存じます。朝から晩までお戰ひになつて、大へんお疲の事と思ひます！又私達銃後の國民も元氣で學校に通つて居りますから御安心下さいませ。それから今年は大東亞戰爭も起つた年であります。大東亞戰爭が始つてから、約三ヶ月半ぐらゐかゝつて居りますが、かういふ短い間にもう大へんたくさん占領かんらくして下さいまして、まことに有難うございます。私達が學校で毎日勉强されるのも兵隊さん方のおかげです。御國の爲、天皇陛下の爲に、忠義をつくされて、大日本帝國の爲につくして下さるやうに、お祈り致します。毎朝毎晩ラヂオの勇ましいニュースを聞いて大へんうれしいです。又大へんな手がらを立て、戰死をなさつて歸つていらつしやる方もあります。私達は、さういふ方々に深く感謝しなければなりません。兵隊さん、內地の事は少しも心配しないで一生懸命お戰ひ下さいませ。近頃吉利も春らしい氣候となつて參りました。それで今梅の花が眞白に咲いて居ます。戰地にも咲いてゐるだらうと思ひます。梅がなつたら戰地の兵隊さんにも送つて上げませう。吉利の樣に兵隊さん方が戰つていらつしやる場所も暖いだらうと思ひます。もう私達の學校は、卒業式も近づいて來ました。それで私は、野原の草芽に負けず一生懸命勉强しようと思ひます。今私達の內でなさる仕事は麥の中をひいたり草をとつたりなさいます。

ではこれにてお別れ致します。御身に氣をつけて下さい。

さやうなら

稲

初五　今中道子

私は學校から、かへるとお母さんといつしよにたんぼにいねかりに行きました。たんぼへ行くとたくさん、もう稲が刈つてあります。私はお母さんに稲刈をしたいといひますと、お母さんは「足をきるから刈らないでいなさい」とおつしやいました。私は今度はかつてあるいねをはこんで、家へもつて行きませうといふと「さうしなさい」とおつしやいました。私は弟と家へ車ではこんで、行きました。途中がのぼりですので、たいへん、きついでした。うちへ歸へると、お父さんが米をおろして下さつた。私はお父さんが米をとつて下さいと、いふとお父さんが、きかいに油をいれて、それをまはすと、きかいが、かるくまはつて音が、やかましくきこえます。私もお父さんと、いつしよに、足でふみました。ふんでから、半時間ぐらい、ふんでいますと、大へんつかれてきました。私は今度ふんでごらんといつたら、ふんだが、ふむところから、もちあげられて、一つも、ふむことが出來ませんでした。家中の人は、みんなわらいました。お父さんが、わらつていらつしやいますと、いちさいの弟さへ、笑ひました。だん〳〵やはり、させていらつしやいますと、なれて、私よりもじやうずなやうな氣持がしました。すんでから、今度は米こぎをするのですか、私はまはしかたをし、お父さんは米いれをして、おぢいさんはますでかまげの中に、いれかたをして、いらつしやいました。間もなくしてから。すんだので、をぢいさんはさんびゆあつたとおつしやいました。そこらへんを、はわいて、米こぎが、すんだことにしました。

おとなりの赤ちやん

初五　有馬マリ子

おとなりの赤ちやんは、實にかはい、赤ちやんです。赤ちやんの名はヒサ子といふ名です。ヒサちやんは毎日々々、私の妹の、ルミちやんにおんぶされて、おもしろさうに、やん〳〵と、言つてものごとを言つて居ます。

ヒサちやんは、よいことをいへば、いいように、返事をします。ヒサちやんといへば、らん、ヒサ子ちやんといへば、はい、といひます。ヒサちやんはしやうべんをする時には、おんぶしておつても、どこにおつてもうゝん。といひます。その時おろさなければ、しやうべんをたらしてしまひます。時にはおろすとごそ〳〵ほうて何をするかわからないやうに、いたづらなことをしたり、おもしろいことをしたりします。ヒサちやんはざつしのお人形を好きです。私が勉强をして居ると、すぐ机のそばに來て、やいやいと言ひます。又やらなければ、はらを立てて、小さな手でたたきます。やる時には、いらない紙と、鉛筆をやると何と言ふのかわからないやうに、ものごとを言つて、みみずのやうに長くまげたやうな字を書きます。ヒサちやんが泣く時には、ラヂオのそばにやると、どこにでも、手をあててどうでも、かうでもします。ヒサちやんに私がおかあさんといひなさいと何んべんも言ひますが、やつぱり、ばつば〳〵と言つて居ます。

こんな事を言つたり、したりするので近所の人々は大へん、ヒサちやんをかはいがつて居ます。ヒサちやんは、大へんおもしろい赤ちやんです。

初六年

開墾

初六　木下典子

もんぺ姿の女子、シャツ一枚になつて鍬をかついだ高等科の男子、先生方も皆身輕になつて來て居られる。皆元氣一ぱいの朗かな顔をして居る。鬼ケ宇都池の上のすゝきの生えた荒地を開墾するのだ。身の丈にも餘るすゝき、丁度七畝位あらうと言ふ荒地である。人數は多いにしても私達にこんな所が開墾出來るかしらと危ぶまれました。「開墾始め」。と、言ふ先生の聲に皆一せいに開墾に取かゝつた。身の丈にも餘る大やぶを高等科の男子が、見る〳〵中に刈り取つて行く。やがて半分位刈つた。「きうけい」と言はれたので、我も〳〵と水を飲みに行く、水を飲んだら、のどが「ごくん」。なつた。餘りおいしいので、ひしやくで二はいのんだ。又開墾に取りかゝつた。

太陽がぢり／＼照りつける。汗がいやと言ふほど出る木場先生が眞赤になつた顔を傳つて流れ落ちる汗を拭きながら「五、六年の男女は持つて來た道具で、刈り取つた草を運べ」と、言はれた。皆は「やれ待つて居た仕事がやつと來たかな」とばかりに、「わあ／＼。」と叫びながら競走的に運んだ。男の先生方は刈り取つた大きな草を火で燒いて居られる。枯れて居るので、ぼう／＼とよくもえる。黒いもえがらが勢よく上の方に飛ぶ。其のそばを通ると、やけどをする位あついので皆小走りして行く。

運んだ草は高等科の男子が二三人で、高く積み上げて居る。堆肥にするのであらう。餘り一生懸命運ぶのでどれを取らうかと、迷ふくらゐであつた。手に手に持つたレーキに力をこめて上に上にと積み上げて居る。大きな輕石、竹等も多くさん出て來た。皆それを一生懸命運ぶので汗が出て仕方がない。皆はそれもかまはないで一生懸命やる。汗の一しづくは、米の一粒と言ふのも此の事であらう。皆揃つて一生懸命やるので見る／＼中に仕事ははかどつて行つた。何處でも總力戰／＼と口ぐせの樣に言つて居る。我等銃後の國民も荒地を開墾し、いろ／＼の作物を作り、お國の爲に少しでも働いて、兵隊さん達が何一つ心配なく、お働きなり。大東亞を作り上げ、亞細亞の人々が皆仲よく手を取り合つて、平和に暮らさうと言ふ考へで荒地を開墾するのであらう。皆其の考へであるのか。汗水たらして働いた。やがて開墾が終つたので、皆歸へる用意をして、正常歩で學校へ歩いた。

夕方のお使ひ

初六　向原　キヌ子

或日の事、私が學校から歸へるとお母さんがやさしく私に「ちよつと永吉までお使ひに行つて來て」と言つて私にふろしきとさいふとをお渡しになつた。時計を見るともう六時を過ぎてゐる。あたりも大分暗くなつてゐました。私は急いで門を出て走つて行きました。新道に出てやがて黒坂の所へくると急にさびしくなりました。私も日本の子供、夕方ぐらゐには、いつでもお使ひに行かれるぞ、よわく思つては行かない。一人で元氣を出して行つた。

新道の所から下を見ると、下の方はずつと田園である。あちらこちらの山々がまだ晝であればよいのにと、晝がさつて行くのを惜んでゐるやうです。谷間〳〵から煙が立ち上つてゐる。夕飯の支度をしてゐるのであらう。田んぼには、ずつと列をつくつて青々と麥が植えられてゐる。麥の中には一人か二人のおぢさんが立つてじつとそのあたりを眺めてゐる。私は一人でとぼ〳〵と山道を通つてやつと麓につきました。買ひ物をすまして又一人でとぼ〳〵と山道をとほつて家へ向かひました。

もうその時は、あたりは暗くなつてゐました。家へつくと、お母さんがまつてゐたといふやうすで、私を迎へて下さいました。

大東亞戰爭

初六　富ヶ原　敏子

去る十二月八日、日米の會見も破れた。我が國からは、野村、くるすの兩大使が亞米利加に行つてゐられたのであつた。それはどうして起つたかと言ふと、亞米利加と英吉利と言ふ國は、實に自分かつてな國であつて、おれたちのやうに強い國はどこにもないと言つていばつておつた。さうして、うらでは少しでも日本をこまらせやうと思つて、日本には鐵も石炭も綿もやらないと言ひ、又日本の生糸も買つてやらぬと言つて支那の蔣介石の軍には、飛行機やタンクなどをおくつてやつて、おれたちがかせいをするからと言つて支那の蔣介石の軍をはげましてゐた。そんな事をするので我が國はがまんにがまんをしきれず、とう〳〵かんにんぶくろの緒を切つてはじまつたのである。

戰爭が始るや我が忠勇なる皇軍はハワイのシンジユ灣を攻撃し又香港は英吉利が百年といふ長い間かゝつてきづいたやうさいを、長く三ヶ月はかゝらうと思つてゐた所をわづか十幾日で全く亡ぼしてしまつたので世界の人々が大へん驚いた。ウエーク島グアム島を占領し又フイリッピンのマニラは平げたが其の入口の島は大事な島で大きなやうさいがきづいてあるので、なか〳〵の事でないといふことです。それからマレー半島をシンガポールへ〳〵と攻めてゐく時には、しげつた〳〵密林の中を攻めて行くのださうです。もうシンガボールも長い事ではないといはれてゐます。このやうに兵隊さんは、御國の爲めを思ひ、自分の体を投げ捨てゝ、なんぎになんぎをして下さるのだから我々銃後の者は、兵隊さんに、負けないやうに一生懸命働らかなければならないと思ひます。

靜かな夜

初六　熊須富惠

勉强の手を休めて顔を上げた。少し目が暗みさうでした。お父さんはラヂオに聞入つて居られる。母は裁縫をして居られる。姉は机の上で雜誌を見て居る。兄さんは手帳の英語を見たり書いたりして居る。てんじやうでは、ねずみがいたづらをやつて居る「ことこと」と音がしてゐる。猫が「にやんーにやんー」と泣いて、姉さんの方へ寄つて行く、姉さんは、猫は大すきだから、打たうとはしないで、ひざの上に乘せてゐます。外の方では、竹やぶの笹が「かさこそ〳〵」と音を立てゝゐる。風が、かすかな音を立てゝ雨戸をうつてゐる。

外へ出て見ると、大へん寒い。今夜は眞暗だ、戰地も眞暗な夜だらう。兄さんは今頃何をして居られる事だらうかと思はれてたまらぬ。兄さんは早や二年半は過ぎた。早いものだつたと言ひながら家の中にはいつた。

しばらくしてから「からころ〳〵」と下駄の音がして來た。自分の家に來ればよいがと思つて居たら、下駄の音は、だん〳〵遠ざかつて行つた。時計は「カンカン」と言つて、十時を打つた。

宿題はもう少し殘つてゐたが、大へん眠たいので明日しようと思つて床の中に、は入りもぐつてしまつた。

日曜日

初六　諏訪免節子

今日は、組合の總會があるさうです。お父さんは早く會に出て行かれました。會がすんだ後でなにはぶしもあるとの事で、私も聞きに行きました。とても、おもしろいのやかなしいのもありました。

今日は大詔奉戴日で宣戰の勅をお下しになつた意義深

い日でした。其の晩、どこの町村でも海軍省の方から活動があつたやうです。海軍のめざましい働のあつた明治、大正、昭和の時代に興つた戰役のいろ〳〵な物がありました。其と一しよに海のまもりといふのがありました。海軍の兵隊さんに、內地から、便りが來て其の手紙に、私は女の子で兵隊さんに行けませんからやがて、大きくなつたら海軍さんのお嫁さんになりたいと思つて居ますと、書いてあつたので兵隊さん方はあれこそと喜び騷ぎました。其の一人の兵隊さんに、內地の自分の子の男の子供から、又手紙が來ました。その手紙に、兄さん、お母さんは、いらつしやらなくても、一つもさびしくはないよといふ勇しい便りでした。其のお父さんが漢口爆擊に行かれることになりました。乘つて行かれる、飛行機は、第一番機でした。基地を、いふ〳〵立去つた。兵隊さんは、遂にめざましい働をし遂に、飛行機が動かなくなつて、二人とも海の中におりて、あちこちと走つてゐました。てきの砲彈は、まだ、ダダダ……と鳴續いてゐます。其の時ふいに我が飛行機があらはれて、二人を見つけて、ぶじに、二人をのせて、きちにかへりました。

或日の嬉しかつた事

初六　大樂ミエ子

二月八日は、組合の總會で、又大詔奉戴日であるので、朝早く、起きて見ると、靜かな朝には、たゞにはとりだけが「コッケコー」と鳴いてゐるだけでした。すぐ顏を洗つて、國旗を出して、おつかひにをばさんの家に行つた。歸つて見ると、お母さん達は、お寺に行くと言つていらつしやるので、私は、お湯をわかしてふきさうじや、いろ〳〵な事をして、近所に遊びに行つて、歸つて見ると、十二時だつたので、すぐ祈念をして、御飯を食べ、學校になにわぶしを聞きに行くついでに、おつかひに行つてから、學校に着いて見るとたくさん來て居られる。友達と、お手玉や、まりつきをして遊んでゐると、なにわぶしが始ろうとしてゐるので講堂に入つてゐると、なにわぶしのをぢさんは、先にあいさつしてから、始つた。其の樣子は、ある限の聲を出して、首の邊は、はれものがしたやうに、ふくらんでゐる。又、をぢさんは、兵隊さんのまねや、おばあさん、其の他の者のまねが上手に出來た。なにわぶしを二つされた。其の中で、一つは兵隊さんののの悲しいでした。もう一つのは、昔十一歳の子供が手柄を立てたのでした。なにわぶしがすんで、歸る時は、なにわぶしより、をどりがよいと思つてゐたがこんなよい、なにわぶしなら、いくつでも聞きたい感じがしました。夕方少し仕事をし、御飯を食べて活動を見に行きました。講堂は、滿員でした。活動も面白いのや、悲しいのがありました。今日は、一日中うれしい事ばかりでした。

或る夜

初六　山之内　京子

どんな題で綴方を書かうかと思つて、寒いのでゐろりのそばで考へてゐた。すると父が「いつかう勉強しないものだ」と叱る。自分はびつくりした。叱られて、どんな題で書くかわからないので書くまねをした。そのうち父母は寢についた。考へてゐる中にねむくなつて來た。うつぶせになつてねむつてしまつた。ゐろりの火が顔にあたる。何時の間にぐう〳〵夢の中に入つた。すると、だーと音がしたと見ると親ねこが小さなねずみを取つて來て神棚の下で嬉しさうにたまをとつてゐる。びつくりした。ねこのことについて書かうかと思つたが、ねむくて書けなかつた。時計を見てみると、もう十時をうつてゐる。自分は心配して寢についた。弟はいびきをかいてねむつてゐる。母は自分が勉強しながらねむるものだから、風をひいてはならぬと思つて心配して何度も眼をさます。大へんはづかしく思つた。母の愛と言ふことがよくわかつた。學校に來ては心配してゐた、歸る前先生に「綴方を出せ」と言はれて、胸がどきつとするのを覺えた。「綴方を書いてこない人は殘つて書け」と言はれて、やうやく氣がついて、ゆうべのことについて題を作つて書いた。

編輯後記

田邊清盛

※皆さんの親しいお友達である双葉の四十六號がやつと生れ出づる運びとなりました。

思へば國民學校誕生第一年目の双葉です。

毎日毎日忙しい銃後の學校生活の中に書いて載いた各學年の綴方　十分讀んで不十分な所よい所をよく考へ味つて下さい。

一生懸命になつて銃後の務めにいそしんでゐる此の自分達の生活を反省し、もつと深い綴方ぼんやりでなくてもつと生々しい生活の記録が綴られて欲しいものです。殊に童謠や詩の方面が淋しかつたのは殘念でした。

※鬼ヶ宇都池上の炎天下に於ける開墾作業内門の開墾作業、校長先生初め先生方皆さんの玉なす汗をものともせず征服したあの開墾地に秋實りし甘藷、栗之れが御國のために役立つのだと思ふと喜ばしい限りです。

又炎天下夏休みもろくにせず先生方と共に軍馬の草刈りに勢出して刈り集めた何百貫かの乾草、毛くず集め、たぶの葉、どんぐり集め。

又廰主催の農業研究會、思へば忙しい働き甲斐のある一年でした。

※又長い間吉利校の爲お働き下さつた懐かしい我等の木場先生を三月も待たずに遠く串良の縣立農民道場にお送りせねばならなかつたことはほんとに惜しいことでした殘念でした。

※十二月八日の大東亞戰勃發、ハワイ海戰と九軍神。

二月十五日のシンガポールの陷落。

三月十四日のスラバヤ沖バタヴィア沖海戰等鬼神を泣かしむる此の帝國陸海軍の御奮闘に將に世界は大轉換をせんとする氣運に向つてゐます。此の感激を胸に銃後我々國民はうんと奮闘努力して銃後の務めを果しませう。

昭和十七年九月十日印刷
昭和十七年九月十五日發行　【非賣品】

發行兼編輯人　鹿兒島縣日置郡吉利國民學校

鹿兒島縣伊集院町德重三五一番地
（鹿南八〇）　印刷人　久保吉二

鹿兒島縣伊集院町德重三五一番地
印刷所　吉田印刷所
電話二八番